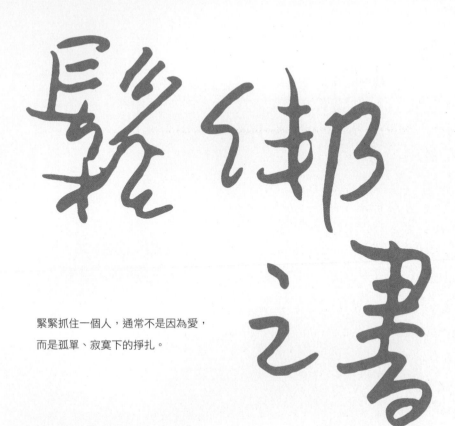

髮鄉之書

緊緊抓住一個人，通常不是因為愛，
而是孤單、寂寞下的掙扎。

許常德

總序

溫柔以對的力量

　　每一封來信都是紮實的人生經歷換來的，我讀了。謝謝來信者讓我深度閱讀人生陰暗處的真實，並有機會去幫他找條出路，這不僅是得到，還附上了考題，著實是完整的學習，有收穫、有付出……真不是感謝就夠的。

　　每一封回信，累積多了，也讓我慢慢從中體會了溫柔以對的力量，讓我明白最純潔的心情是不會用對錯看的，因為對錯只會挑起人的怨恨心，溫柔才能讓自己推離怨恨。

　　溫柔，不是凡事妥協或認命；溫柔，是心平氣和的看人生演變。不管這個變化是怎麼來的，或好或壞的，或委屈或奇蹟，都一再提醒你，這變化都有你史上的一分力氣，多寡都一樣，人生是共扛的。

　　這些信件來往，有天，也許會停止，但也會變成另一種方式持續……比如我發現很多臉友和我一樣在回信，這個轉折讓我驚喜，因為可以分擔我許多責任，不要只是聽我講。

　　有人寫了上百封信，但我卻沒回半封。這讓我也很放心，表示他有個讓他能持續寫信的去處，這比我回信還更有意義。真正該收信的是自己，真正該回信的也是自己。

　　回信的人，有天終會消失的，這很好，免除人無止境的依賴。依賴是很任性的低檔的愛，只會養成不如願會焦慮難受的習慣。寄信的人最起碼的禮貌，就是不要求一定會收到回信，沒這個體諒，不配收到回信。

　　沒有地址的來信，不只他一人看到的回信，這個隱藏和公開都成就了這個區域的尊嚴與包容。這四本書，希望只是個開始，如果可以，盼永遠繼續，並鼓勵擁有此書的人，看完後，再轉贈他人。

　　感謝，這些年來，我們的集體合作。

序

放手，是最好的精神藥方

鬆綁之前，一定有個東西是被你緊抓的。

那些緊緊抓住的東西是什麼呢？

是必需品嗎？會付出什麼代價呢？

鬆綁，不是綑綁的對照或其極端，不是不要綑綁，也許是要微調，像是把強風調成弱風，而不是關閉空調。

為什麼會緊抓呢？也許抓住的那個東西只是你自以為的重點，你以為抓住了就有機會得到想要的東西，機會渺茫也不放棄。所以，重點是機會，因為你深深覺得：沒有這種渺茫，一切就沒有意義。

也就是說，在你的選項裡，沒有「不抓」這個選項。所以，真正讓你苦的，是你的「非要不可」。

你覺得「沒有」就會完蛋，這是很危險的警訊，代表你已經把自己逼到可能完蛋的處境；代表你正期待著可能落空的事情；代表有些人會陪你的執著走鋼索、陪你擔憂，甚至收拾殘局；代表你進行著一場大賭注。賭注越下越大時，你不僅越難離場，你還會誤以為大

家都依賴你的成功。

緊繃的，都是心。

是的，這個緊，一開始是好的，讓你走上軌道，讓你有了目標，讓你持續熱情⋯⋯但不代表你可以無限上綱的許願。你該想想有無能力扛下這些願望帶來的責任？萬一扛不住，怎麼辦？扛不住的，會慢慢勒緊你，越來越緊時，你更不敢放鬆，因為一放鬆就可能崩盤⋯⋯你是這麼想的。

但其實，沒有你，不會怎樣的。

你就想，就算你突然掛掉了，地球也照樣運轉，那些與你相關的人會繼續活下去，他們很可能接替你遺留的事，很可能在急迫中學會了某些事。真要嚴肅討論得失，最大的危險就是：你在長期緊繃下，帶來精神上的壓力氣場。因為你不重視鬆綁，就可能會變成旁人的負擔，而這些人往往是你以前受你照顧的人。

不要把別人的功課都拿來做，尤其是沒有經過別人同意就拿來做，包括你的孩子。不管你此時遇到什麼

問題，不自量力的硬扛是不能鼓勵的，因為失敗率不僅高，禍及他人的可能性也不小。你垮了，就會是大家的負擔。很多表面扛得很好的人，常在精神上折磨著親友，比如疲勞式的嘮叨、比如總是負面的批判，比如恐慌式的防備、比如容易暴怒。以上都是硬扛過重的責任而有的後遺症。後遺症帶來的問題當然是家人要扛下，而且不是小問題，很容易分裂家人的感情。

　　誰都不該生活在不舒適的環境裡。

　　有能力自省的話，你公道的想想……那些你認為受你照顧或你代他扛責的人，都感恩於你嗎？還是，反過來埋怨你？因為你在扛責的過程裡，一旦壓力過大，就可能散發負面的情緒。長期下來，他們都實實在在的忍耐，對他們來說。

　　扛責、強忍，很容易變成習慣，即使有一天你不用再扛了，你依舊會扛；沒有什麼事要你忍了，你還是會慣性的忍。那是很悲傷的狀態，是長期疲勞烙下的印記，所以才要用力提醒你，不要再跌入那種慣性裡。

「沒有你，也不會怎樣。」才是你該追求的目標，
表示他們有能力解決問題，他們成長了，再不是「沒
有你，世界就崩塌」那個時期了。

鬆綁如此，如此人生。

目錄

痛苦的關係

不再是兩個人

人生二三

家的羈絆

愛一懶，倦怠就會形成海嘯，排山倒海而來。

孩子和夢想要怎麼取捨

——

問

　　我有一個一歲多的小男孩，目前在育嬰留停的前半年中，和親人創立一間公司，經營兩個多月，成績尚可，但很多不確定性，短期內收入無法和過去上班一樣。我很猶豫要不要回去上班，兼營事業。小孩是否自己照顧或送育嬰中心，又是個問題。

　　我先生對於我所做的這一切，不置可否，只希望我至少負擔得起自己的生活費。有時候，我真不知道身為母親、太太、媳婦、女兒，到底應該怎麼看待這一切，希望能有所作為，但有了孩子，好像變成了選擇題，我很希望可以兼顧並雙贏……

一

回

　記不記得搭飛機時，空中小姐會廣播遇到緊急狀態時該注意的事項，其中特別提醒媽媽們要先戴上自己的口罩後，再幫孩子戴上口罩。妳好，才有能力把孩子照顧好。孩子需要的是專業的好環境，不一定是父母親自撫養，大部分的父母都不是孩子的最佳照顧人，因為不會拿捏分寸，總是怕給不夠、總是鉅細靡遺、總是不要輸在起跑點、總是為了建立孩子良好的習慣而把全家都弄得很緊繃。

　其實孩子應該交給專業的人帶，父母和孩子相處時間一如孩子看電視一樣，適量反而能更珍惜彼此的付出，多了總是爭吵、總是摩擦、總是習慣性管太多。如果妳和孩子的命運要像前人那樣，妳犧牲夢想和時間照顧他，等老的時候再把病痛及晚年賴給他，想想你們大半輩子的糾纏可能都是很沉重的。這樣的關係不危險嗎？都如妳想得那麼溫馨嗎？

　獨立是家人相聚時最好的氣氛，「你負責我、我負責你」的那種關係反而會抱怨連連。若結婚和生子都要犧牲夢想才能換取，那就不值得結，也不值得生。或許妳可以把犧牲變成共生，捨棄親手照料的觀念，

為他設計專業的成長環境。親子間的相處貴在品質而不是量，不要變成那種分分秒秒黏著孩子、時時刻刻又因壓力快爆炸的怒吼母親。那樣的母親都是癮頭者，她們是被自己習慣慣壞的母親，明明就是不那樣做會想死，才不是愛多偉大。

兼顧的方式就是先把妳的夢想顧好，雖然和孩子的相處時間變短，卻會變得比較放鬆與健康。不要放棄目前的狀態，不要自責，那都是過時傳統留下的餘毒，妳很清楚自己是不是有責任感的母親，只是不確定要不要推翻「把孩子都當第一順位」的想法。

當個理性的母親勝過當感性的母親。

母愛與威脅

───

問

　　我母親被我父親家暴，直到我七歲時才離婚，帶著我獨立生活。父親曾威脅要殺我們全家，依稀記得小時候我總是默默藏著菜刀。父親逼著母親去借錢，直到現在我都大學了，媽媽還沒還清債務。

　　有段日子我們搬回外婆家一起住，但外婆非常討厭我，任何難聽的話都罵過，覺得我是拖油瓶，甚至拿過刀子要殺我。一次，我跑到家樓下，想離開家裡，媽媽居然拉著我的手，指著馬路說：「走啊！痛苦一下就解脫了！」媽媽說我是她生活的重心，我不開心，她也不必活了。當時我嚇壞了，這句話真的給我很大的壓力。

　　從那之後，媽媽就常常因為爭執或小事威脅要去死。我十六歲時初戀，但她怕我有了男朋友就不要她了，我從此不敢告訴她我的愛情狀況。但她偷看我的手機訊息，每個月查詢通聯紀錄，問我幾點幾分怎麼會跟這個號碼通電話；查看我的發票，幾點幾分怎麼會去

這家店？我知道她是愛我，因為她把所有愛都給我了，但我覺得好可怕。

後來我學會忍讓她，我想這是讓我們都好過的方法吧。現階段她有男友，但只是為了金錢需求。而她賺的錢入不敷出，更不快樂。我只能努力讀書，希望將來能給她更好的生活。

我因為覺得壓力大，所以選擇了外地的大學。她依舊很關心我，幾乎照三餐打電話。愛這種東西，有時候好可怕。

一

回

請妳換個角度看待這件事，把妳的母親當成是一位病人，而這個病狀在人類的社會裡是長期存在的，只是不被重視。這個病是因為長期扛著重擔，不曾休息的過重壓力造成的，症狀是偏執又極度缺乏安全感。

她的內心有很黑暗的恐懼，她的不快樂和不合理的行為都因此而生，也許是恐懼失去妳，也許是恐懼自己沒辦法獨立。就像失去舞臺的天后，一旦沒有奮鬥的目標，就會連輕鬆享福的能力都沒有。這是長期依賴一種付出而有的空虛，她以為付出的盡頭是妳不會

遺棄她，她這樣催眠自己，催眠到最後卻以為妳很可能遺棄她。

對關係上癮的人都會很用力，比如很情緒化的面對妳的感情對象，比如妳一提搬出去住她就猜疑誰會奪走妳，比如怕妳變壞。她不斷以死相逼，是因為妳讓她覺得這招有效。下次她再這麼做，妳可以很嚴肅也很冷淡的告訴她：做母親要給孩子榜樣，她難道希望妳遇到難題或溝通困難時就鬧自殺嗎？

照顧一個曾那麼照顧妳的人，首重體諒。體諒不是失去理性的配合，而是做一個能講真話的知心朋友，遇到不對的事要提醒，但不忘告訴她：不管妳以後去哪裡，她都不能忘記要照三餐打電話煩妳。

做家人，最難的是耐心，最好有苦中作樂的能力，所以，辛苦了！

無法溝通的夫家人

———

問

　　我和先生交往了兩年後結婚，他的父親一開始就反對我們，因為我是單親，他固執到我覺得不可思議，反對的理由很多：我的名字不好、八字不好、命不好。

　　他和自己的太太吵架，臉頰被捏傷也可以怪到我頭上，說我害他破相。後來我懷孕了，跪在他面前希望成全，被當眾指責，講得更不堪。

　　我和先生的相處沒有什麼大問題，但只要講到他的父母，我的情緒就非常不好，我覺得他的家人不是只汙辱了我，更汙辱我的父親。先生很無奈的說：「沒有辦法選擇父母。」結婚後，我能不見就不見他的父母，但是他希望我在重要節日還是能跟他一起出席家人聚會。我告訴他：「不能理性溝通的家人，這樣的學分我不想修，保持距離，以策安全。」他也不知道怎麼辦……我該怎麼理性的跟先生討論這些事？

一

回

　　有些人真的是要少接觸，最好有些招數，妳先生的父母是有病的，把他們當正常人計較，吃虧的一定是妳。他們這種人不會有朋友，除了把丟不出去的精力全用在整家人上，無路可去。

　　不被他們的言行傷到的方法就是：看清事實。事實是病人說的都是病話，他說妳名字不好，妳就想他又瘋了；他說妳害他破相，妳就想他該吃藥了；他看不起單親，妳更要慶幸至少跟他不是同類。

　　妳老公說錯了，不是不能選擇父母就要事事順從父母，有問題的父母就要當問題面對。妳還是要偶爾回去跟這兩位病患見面，妳的老公少些壓力對妳來說就是鬆綁。妳要跟老公講清楚，妳是為了減輕他的壓力，才去做這麼勉強又容易受傷的事。每次見面，就當做去遊樂園的恐怖屋，妳可以害怕，甚至大聲尖叫。如果妳真的受不了，妳的老公會陪妳一起受不了。這齣戲要上演，但有愛人一起領銜主演，還真是浪漫。

需索無度的愛

———

問

　　我今年滿十八歲了，媽媽曾經因為吸毒被關，最近被我發現再度吸毒。我常常想報警抓她，可是我捨不得，也害怕。她有憂鬱症，我工作、上學之餘還是拚命關心她，但她卻說毒品可以讓她平靜。就算她說我父親家暴她、帶壞她，就算總是感覺被忽略，我還是愛她，但我真的很累，不知道該怎麼做。

　　而我的前男友二十一歲，我們在一起將近一年，常吵架。他很沒安全感，我的臉書、LINE 都在他控管內。我們分手的原因很奇怪，吵架冷戰後，他卻和老闆娘（我們同個工作地方）說我們分手了，所以他要調店，沒想到他還想要分手砲，讓我更肯定不要跟這種人走下去。他還到靠北女友的網站留言，意思是我很破、很糟，等著看我被人玩弄。為什麼男生會有這種心態？為什麼要這樣對我？

一

回

前男友把妳説得越難聽，越透露傷他得有多重，他是個人際關係很差的人，所以不會排解壓力，也不知怎麼挽回妳，於是惱羞成怒，把對妳的在乎變成殘酷。他不是故意要這樣對妳，而是不知道怎麼控制自己。

能離開他是好事，妳需要的愛情應該是能給你溫暖，讓妳放鬆的，不然妳要愛情幹什麼？妳對愛妳的人要求越低，不表示能讓這段關係變長；相處沒感到加分或安心，妳的犧牲或委屈都不一定能成全他想要的快樂，所以退讓並沒有讓他比較爽快。

不要再找一個拖累妳的家人，妳對媽媽的同情也許是對家人僅剩的堅持。但被毒品帶走靈魂的媽媽吸再多毒也無法平靜，同情只會讓她的癮更大。

也許妳渴望的是被需要，如果對方能因妳的付出而有了新的生機更好，所以妳才不在乎一無所得的付出。妳很慷慨也很獨立，已習慣沒有別人幫忙，這很好，讓妳不因依賴而被傷害，讓妳能在自私的人性裡找到退路。

但妳要重視滿足自己，多注意能溫柔對妳的人，沒有溫柔，愛情就會像禽獸。

和不對盤的媽媽相處

問

　　我母親為了我們，在我們十幾歲後才離婚，一直從事清潔打掃的工作。我很愛她，可是她有一些毛病，例如重複說講過的話，上次見面說，這次見面也講，講的都是無意義或沒內容要不然就是我沒興趣聽的。她個性很急，約時間見面，在之前就一直打電話問我在哪裡，我當時正在忙，所以接起電話整個煩感度大增。她也不會看場合說話，例如一家人出去玩，卻一直推銷直銷產品給大家。勸過她，可是問題一再上演。

　　我覺得她年齡增長了，但該有的歷練卻沒出來，有時候講話沒經過大腦。高中的時候我爭取到學校工讀的機會，跟她說了，她竟然說要打到學校去確認，說是關心，這種感覺讓我失望、噁心。長期累積下來，真的心疲力竭。我知道她的處境，想對她好，可是一想到她的個性就瞬間冷掉，甚至到最後覺得對她只是義務和責任。這樣算不孝嗎？

一

回

　　我們有時候會忘記家人之間該有距離，這距離不是冷漠，是怕介入彼此太深會堆積壓力。妳信中著墨最多的部分都是親情的勒痕，或許有人會覺得妳把母親講得太不堪，但我卻看到妳的心快爆炸了。也許妳已敏感到沒辦法理性與完整的回顧，會心疲力竭是因為仍不想放棄做個孝順的女兒。

　　其實孝順需要交通規則，要保持舒服的距離讓孝心順暢，而不是心急或用力就能安全抵達終點。這世上有千萬種父母，要相處開心就要懂得彼此的地雷，無法溝通就少溝通，少去不利駕駛的區域。

　　學習幽默看待讓妳苦笑的母親，或者可以對她有另類的想像：想像她是老愛重複說話的高齡清潔工，因為生活圈很小；長期獨立養幾個小孩的重擔，讓她逢人都不忘推銷產品。她沒有自己很久了，她的生活並不需要太複雜的邏輯。她需要妳向外人翻譯，翻譯她的單調都是太過專注對待孩子的結果。

　　命好的人不是因為遇到多好的家人。家人就是家人，能多一次歡聚就少一次怨懟。

和婆婆太親密的老公

—

問

　　請問您對於「四十歲的老公躺在婆婆大腿上」的看法，我快為此事抓狂了。他很孝順，出去玩也會牽著他媽的手，其實我心裡很不是滋味，但告訴自己算了，不去看、不去想，但沒想到他竟然會親暱躺在婆婆的大腿上，我真的難受到極點。

—

回

　　成長背景不同就會養成不同的習慣，不要以為同住在臺灣，大家的習慣就會差不多。妳婆婆和妳老公親密的動作，他們習以為常，在妳眼中卻是大忌，讓妳如此抓狂，因為妳把這舉動歸類為心理變態，怕妳老公是最頂級的媽寶。

　　妳老公與婆婆的行為都在妳面前大方的展示，表示是他們很自然的舉動，也許不要那麼制式化的看男人，

男人很娘、很愛跟女人撒嬌、愛跟媽媽牽手買菜也是一款。重點是他們沒有偷偷摸摸。問妳自己，除了這點，妳還滿意他嗎？

如果妳嫁到伊斯蘭國家，可能被迫接受很多根本接受不了的習慣，但人不會什麼事都接受不了的，而是妳有沒有同理心、有沒有分辨心去同理別人不同的背景，分辨哪些是善意。不要用狹隘的成見去衡量別人，妳也知道那不是絕對的普世價值。

也許這是妳老公最自私的享樂，那種外人不太能理解的童年老味道，不管是躺在媽媽大腿上或坐在媽媽大腿上，彼此放鬆的依偎著，真是一種幸福。妳可別拿心去計較，妳沒有這種感受不表示別人一定沒有。

當怪事降臨，請帶上學習的眼鏡，先試著接受看看。想想他們只是在回味過去。不要急著生氣，那只是妳想不通而氣急敗壞，不是妳比較有道理。老公賴媽媽，妳也可以過去賴老公，然後跟他說；「很羨慕你和媽媽那麼多年還那麼親密。」這樣是不是比較有寬心感？

讓孩子得不到母愛的父親

——

問

　　我結婚快十年了，夫家的人似乎只把我當外人，好處沒有我，壞處第一個找我，而我的先生也不會跳出來說話，只會說「不要計較那麼多」，把所有的壓力與問題丟給我，對我娘家的人也漠不關心。累積久了，我真的受不了，今年我提議離婚，他卻說不要、說他錯了、說他會改，但是我的心已經死了，回不去了。最後他說離婚就不給我看小孩（我怕小孩會怨我）。因為放不下，所以一直硬撐，我該怎麼辦……

一

回

　　夫妻鬧離婚，把小孩當武器的人，只會讓另一半對他更絕望，這是最無情的恐嚇。不管他是發了什麼瘋，「不讓孩子見媽媽」是很多快離婚的人用的最後爛招。這招對沒有能力又不敦厚的人來說，是最便利的反擊，

但他想過孩子的感受嗎？讓孩子見不到媽媽，證明他已不夠格當父親，懦弱又殘忍，真該立法阻止這種行為。

我們現今看到的離婚率只是一部分，很多形同離婚的夫妻仍隱身在婚姻裡。妳累積的壓力，他無力分擔；妳的心已死了，他也沒能力接受。無能又不知鬆綁，不放手又不甘心，掐著一位母親對孩子的愛又算什麼？也許他真的慌了，也許他以為這樣能留住妳，但大人的痛苦不該轉嫁到孩子身上。真要挽留，他應該拿出更多的善意。

這不是魚與熊掌的問題，而是妳要怎麼選擇的問題。如果選擇孩子，妳就調適觀念和作法，接受他的道歉，但提出繼續生活下去的新原則，不求他對妳的娘家有什麼關心，並和夫家保持表面客氣的距離。如果選擇離婚，妳得和孩子好好溝通，把真相慢慢告訴孩子。離婚之後能不能看孩子，不是他說了算，法律不會只站在他那邊，妳得找個專家好好諮詢，擬好策略。

要對選擇負責，但不要接受恐嚇，告訴他這樣做除了傷了妳、更傷了孩子，他若不理會，你們這樣勉強維持現狀對孩子不見得好。我很同情妳的處境，也提醒全天下會這樣恐嚇老婆的男人：讓孩子得不到母愛的人，都不配得到什麼。

不負責任的爸爸

——

問

　　我爸爸媽媽結婚二十多年，家裡有一位爺爺和三個小孩，爸爸從來不養家和小孩，從來不。母親的壓力很大，身上有百萬負債（老爸卻一身輕），每每說起就落淚。爸爸只要工作上不滿意就立馬辭職，現在也是包裝員而已，但認識同公司的包裝員薪水都有三萬，老爸卻說他只領一萬九底薪，每天卻都加班超過十二個小時。

　　老媽好說歹說，跟老爸吵了幾回之後，老爸答應每個月拿五千回家，但不是主動，要媽媽千催萬催才拿出來，而且若有其他費用要支出，像是妹妹的證照費或學雜費，他就說一句：「我沒錢，找媽媽。」他常常行蹤不明、花費不明，刷卡的帳單是由媽媽付的，曾三、四萬的刷。

　　他還老愛借錢，若是跟至親的人借錢，據我所知是沒還過，還借到爺爺和我們小孩子身上來了。他跟我開口的時候我很害怕，而且次數漸漸變多，於是我就

沒有借了，他很生氣的甩頭就走。我很內疚，但不能
控制我的恐懼。

　　媽媽有幾次提過想離婚，我們孩子其實是支持的，
但爸爸說絕對不會放媽媽走。媽媽擔心他會很偏激，
也說爺爺年紀大，怕承受不了，還說要給我們一個完
整的家，不要讓人家瞧不起我們。

　　感覺媽媽放不掉，因為有兩次爸爸開刀差點不行的
時候，她看起來真的很害怕。其實我也很愛老爸，很
多時候是他陪著我們成長的。

　　只要老爸肯養家，我覺得我們家會更幸福的。老媽
說她肩膀真的好重，說她嫁給一個只能同歡不能共苦
的人，她認為我們以後不一定要結婚。

一

回

　　每個人的受苦都是有原因的，這個原因就像是長跑
者的終點，就這麼一個簡單的目標，卻經歷了風風雨
雨、悽悽慘慘的旅程。妳的母親的目標就是完成這場
婚姻，就是不讓爺爺擔心，就是給孩子一個完整的家，
就是盼望老公有一天能覺醒反省，就是習慣這樣的身
分了……

　　她一如長期在戰場上的戰士，喊苦會讓旁人聽來很不捨，但她只是慣性吶喊，妳爸爸是她一手寵出的孩子。如果她能多賺點錢，會更寵妳爸爸。

　　很多女性嫁入婚姻後都是這種心態，什麼都拿來扛，以為自己強到可以掌握一切、犧牲一切，既是掌控者也是奴僕。命不好就會把自己逼成壓力過大的受害者，也把全家人捲進這樣的淒風苦雨裡。

　　所以最不該同情的是妳的母親，這是她此生最貪心的夢，你們只是配合她演出的頭號支持者，不知不覺入她的戲了，也會對爸爸不捨和恐懼，矛盾又痛心，恐懼也依賴，就像面對地球暖化反撲的人類，災難是多年破壞的結果。

　　要改變爸爸之前，妳要先改變自己，怎麼獨立？怎麼拒絕？怎麼不被捲進這個漩渦？你們家需要有一個人立下勇敢和理智的典範。沒有，改變就是妄想。

一個巴掌的意義

——

問

　　今晚我無法克制自己，把無情的巴掌落在女兒臉上。互相咆哮後，她開門出去，以為她會像小時候坐在樓梯口等我喚她。但等我冷靜後卻找不到她，出門盲目的尋找，最後只能求警察幫忙。她第一次這樣，才國一的女孩，晚上十點離家，不知道她在哪裡……

　　我在她房間試著尋覓她的方向，卻看到她寫了：「等高中畢業馬上離開這個家，再也不會回來……」還計畫如何搬家，該準備什麼。

　　雖是單親家庭，但是物質上我不讓她比別人差，只因為電腦壞掉我不買給她（她對電腦遊戲很沉迷），反應就這麼激烈？我看完她的規畫，真的好灰心、好沮喪，我想我沒能力照顧她，是否該放棄了？她開心，我也不必費心。

一

回

　　不要放棄，是要改變自己。

　　妳把恐懼和關心綁在一起，就會忍不住用巴掌包裝妳原本的撫愛。她的未來是被妳逼到走投無路的沮喪，不是叛逆，是嚴重的失落。「不必費心」這句話很弱，弱在妳跟女兒一樣只能強硬的拋下，不知道可以調整自我。

　　妳要想孩子的氣話裡傳達了怎樣的難受？而不是只想到妳難受的部分。找到孩子時，請慎重向孩子道歉，因為打巴掌是在羞辱、是在發洩、是種病態，也是違法，哪裡是溝通或教育？

　　請她原諒妳，也請妳提出反省的辦法，沒有範本。妳該怎麼要求她不像妳一樣情緒化，選擇逃家。

　　最重要的是溫暖相待。親子間常常吼叫，只是可笑又可怕的愛。

考驗帶來成長

問

　　我的女朋友偶爾會有憂鬱的情況，因為她相當在意她母親的看法。她說從小到大，媽媽總是要求很多，認為她喜歡叛離正常道路。到現在三十歲了，她很努力的工作跟生活著，卻還是受到來自母親言語上的壓力，拿她跟妹妹比較，妹妹選擇的就是結婚過著一般的生活，為何她就不能一樣呢？

　　在我的心中，她並不是喜歡特立獨行，只是內心有很多堅持，卻也像個孩子一樣有顆單純的心。我試著想了解，希望她能放下母親在意的眼光及因此產生的壓力，但似乎不得其門而入，沒能幫上什麼忙。

　　我很心疼她背負這樣的情緒，如果一輩子都必須活在母親的眼光之下，怎麼能快樂做自己？但因為我經驗不足，不知道該怎麼幫忙才最恰當，不會傷害到她，也不會破壞她們家人的情感，所以在此向您請益。

一

回

　　能有你這樣的男朋友，你的女友是很幸福的。這是她習慣性的緊繃，若真的完全受制於母親給的壓力，你的女友就會去結婚，完成母親期望的指令。但她仍堅持保有某部分的自己，不是嗎？

　　人在一生中，有很多拋不開、避不了的功課，這比順利得到幸福要來得有意義。不要只看眼前的遭遇，而要細心體會往後在內心產生的變化。

　　要內化，就要往收穫方向想，你只有在乎考驗為你帶來的成長，所有努力才會變得有目標、有正面能量。

　　身為這樣的女友的另一半，你可以告訴她你很欣賞她的堅持。她需要的也許只是從母親那裡回來時，你遞上的一杯熱茶。不要因擔心而跟她母親一樣的叨念，只有有你的沉默陪伴、溫馨送暖，那些盡在不言中的人生辛酸才會化成一朵雲，飄出緊閉的心窗。

　　沒關係的，人生不是一帆風順。她的母親就是太想要女兒一帆風順，才這麼用力而不自知，你可別犯了這個毛病，你在愛情裡不也遇到不是一帆風順的女友？

　　你的擔憂和她母親的擔憂是同一款。請記得：不平靜才是真實人生，才有你們展現能力的成長機會。

綑綁在一起

—

問

看了您的 FB 多年（我是先發現您的文章才買所有書籍），且參與幾次的講座，您話語中的溫度和一般人不同，可以讓人心情放鬆再重新面對挑戰。您說婚姻只是張紙，但當我情對方不願時，這紙的重量可是讓人喘不了氣！所以我想您只是希望大家回歸本質，但世人卻繞著情愛打轉！您的理論的確是盞明燈，讓我知道如何讓餘生過得自在些。真的謝謝您！

如果碰到怎麼都不願離婚的老公該怎麼辦？無法好好溝通，以死相逼，拿子女威脅。曾經我也犯錯了，請他放過我，好好分開吧！但我方法錯了，所以目前還無法自由。老師可以給我指引嗎？

一

回

　　會以死相逼，目的不是死，而是怕死；拿子女威脅，就讓他如願，孩子都給他，妳也喘口氣。

　　也許妳的老公就是最傳統的那一派，不管你們這婚姻有多不堪和多不實在，他還是想和妳一起走到老。也許孩子是很重要的因素，但妳何嘗不是這樣想？妳犯錯了，他還是不放手，就是證明。

　　每個人在不同的人生階段有不同的懦弱，妳這時的懦弱就是不敢放手去追尋妳的夢；他這時的懦弱則是不敢溫柔去挺妳的夢。但犧牲了這些夢，誰也不見得就從此放心了，不是嗎？

　　你們都知道有多不滿對方，更知道你們已習慣了對方，不滿到哭了，習慣到死了，這就是爛攤子，誰都不要。

　　如果沒膽子離開，不如好好看看他怕失去妳的慌張。建議妳大膽提出願意留下來的條件，要他給妳一筆錢讓妳去放個大假，然後鋪好紅地毯迎接妳回來，你們就好好的重新開張。不管怎樣，就是別認命。

愛的倦怠

一

問

　　我有個交往幾年漸漸沒有感覺的男友，及有位非常傳統的母親。母親認為有對象就該結婚，我說不想結婚，她就會以各種悲觀的想法下定論。她也不喜歡我交新的朋友，顧慮左鄰右舍的看法，長期累積的吵架已經不可勝數了。

　　這些種種都讓我很有壓力，我認為自己還年輕，還有很多事值得去做，不該屈就於婚姻才是。

　　現在的我劈腿了，我知道不對，但又一直陷下去，因為在那個世界裡沒有壓力。我也想做母親的乖女兒，但我就是做不到，因為做了就不是我了，我這樣錯了嗎？

一

回

　　究竟兩個人在一起感覺重不重要？當感覺不在的時候是不是該分開？

　　當然重要！尤其是兩人長期關係疲乏時，這種感覺一來，很容易變成最後一根稻草，壓垮最後的忍耐。

　　感覺不在的時候，有些人覺得很自然，有些人感到惶恐，有些人忙到不去想，有些人想分手。不管是哪一種選項，只要真心，都要被尊重。只是提分手真的不容易……

　　媽媽的想法，妳盡量陽奉陰違，體諒她的時代對她的思想鑿痕太深，只是她的想法也不完全沒考慮價值，就當她是個跟妳唱反調的人，讓妳這麼重視感覺的人有機會踩煞車。下次就跟媽媽講這段話，說了妳會比較輕鬆，她會軟化。

　　要做乖女兒，不是乖在交出選擇權。也許當妳下次遇到新戀愛對象，可以一開始就告訴對方：妳前幾次的戀情多久就有倦怠期，而且會倦怠到想放棄，請他跟妳一起努力克服這個問題，這有助於他有個警惕。

　　愛一懶，倦怠就會形成海嘯，排山倒海而來。

痛苦的關係

好好說再見，是能挽回尊嚴的最好作為。

他的冷漠是妳的救贖

——

問

　　我今年二十五歲，和男友分手了，他大我十九歲，有交感神經失調症，只要有壓力就很容易失控，我常忍受他和其他人搞曖昧。

　　他最後說想安定，決定和我結婚，我也想當個好妻子。他買了房子、車子都登記我名下，我覺得這一輩子就是他了。

　　但他只要心情不好，就會丟下我在家，什麼都不溝通就往酒店跑。我常覺得非常委屈，他對我越來越不耐煩，最後把我趕出他家，說什麼要一個人冷靜一下。

　　我跟姐妹去國外散心，沒跟他說，穿泳衣在海邊玩，有外國人來搭訕拍照，我就打卡，覺得沒有什麼。他發現後覺得我對不起他，要跟我分手。

　　現在分手一個月了，他用最快的速度告訴全世界他單身了，然後很快的又有新目標，到處說我欺騙他感情。我還是很想他，甚至曾經不想活下去。

　　看他分手過得很快活，我懷疑這份愛的真實成分有

多少？他怎麼能都不難過？但相處過程中，他一直對我很體貼也很寶貝我，為什麼變成這樣？

　　而且，我今天發現懷孕了。他避不見面，直接回訊息說拿掉，非常殘忍。

一

回

　　也許妳想要的是一個婚姻夢，不是這個男人，所以才不在乎他對妳如何。既然不在乎產品惡質，妳就該有另一種態度面對產品：好好享受他帶給妳的物質享受，像個真正的小女人那樣，以順從釋放溫柔，用溫柔點起一盞讓他想回家的燈。

　　不要求尊重，不要管他把妹，沒有標準是妳的選擇，妳不該反悔去要他對妳忠貞。

　　分手一個月後發現懷孕，是妳的功課，妳要考慮孩子的將來，而不是在此時在意他對妳殘忍。他的殘忍已不是新消息，妳漠視孩子的存在才是真殘忍。孩子沒有這個情緒化的老爸是幸福的！

　　只要驗得了 DNA，他該給的財產絕對跑不掉。這個男人是輛遲早會失控的超跑車，他需要的是像毒品一樣的女人，讓他能脫離現實，而不是回歸家庭。這也

是你們沒有交集的原因。

　　他要妳拿掉孩子是太過冷漠，但也是可能妳得到救贖的一條路，不管妳會不會生下這孩子，這孩子都是妳的貴人，告訴妳怎麼做一個健康的女人。

　　孩子需要的是愛和照顧，妳也是，不然所有的車子和房子都是紙糊的。

家暴之下的婚姻

問

　　我先生在結婚前曾有一次因為吃醋，賞了我兩巴掌，事後他當然如同電視上演的道歉下跪懇求，然後我做了這輩子最錯誤的決定，還是嫁給他。

　　結婚四年後，終於生了一個兒子，兒子得來不易，因為先生性方面一直有障礙。生完小孩兩週不到，某次和先生因為孩子爭吵，兩人互踢，接著他用盡力氣狠狠甩了我一個大耳光，力氣大到我整個人倒在地上動彈不得一段時間。

　　過一會兒，他過來又哭又搖。我可以動了之後，沒有眼淚，起身去抱兒子餵奶，之後耳朵聽不到，去看醫生，才知道耳膜被打破了兩個洞，當時醫生問我要報家暴嗎？我說是自己弄的。後來我嚴重憂鬱症，也有就醫紀錄，醫生判斷是產後憂鬱症。

　　直到今年和一個已婚男 W 相遇，兩個人一開始似乎是性吸引，對方太太也是對性沒嚮往。在一起後開始談心，對方得知我被打，開始教我一些防範被打和保

護自己的方法。

就在前幾天，先生和兒子起爭執，兒子被先生拉進浴室洗澡，兒子洗完澡出來，馬上和我告狀說爸爸弄傷他，兒子手臂有傷痕。

終於我狠下心來提出離婚，可是先生完全不肯，撂狠話說不會放我，要打官司就去打，然後裝可愛、耍賴，要我不要趕他走，真是讓我反感至極。

婚姻制度怎麼如此不公？一方沒愛，過得痛苦，也不能離開嗎？女人對性極有需求錯了嗎？

一

回

自由是一座叢林，遠遠看過去是美麗壯觀的，一片翠綠在陽光下驕傲著，但深入其境，卻埋伏著殘酷的生存考驗。儘管險惡，妳還是覺得這才是活生生的人生，可以跟危險搏鬥，可以跟寂寞對抗，可以執著，可以放棄，妳追逐的是這樣的自由、簡單做決定的自由。

妳對性的需求越強烈，就表示妳對先生有多抗拒，妳不是在乎性，是不甘為了這個男人浪費青春。他的性障礙和情緒失控是有關聯的，心理的病衍生出的恐

懼導致他連這麼表象的關係都要。也許他骨子裡就是沒信心擁有妳，所以才會為吃醋失控動手羞辱妳，可見他有多害怕、多生氣。

離開這樣的病人需要專業的幫助，但別找徵信社或抓猴大隊，可以找賴芳玉這類的律師，理性也人性，因為臺灣法律是不利於離婚的。為了避免你們兩人精神彼此激化惡化，在還沒把步驟想清楚前，先扮演好等待日子到來的幸運的人，就想像要倒數了，凡事和氣一點。

有了明確的目標就比較有能力應付，追求自由的人都有一種特性，單純光明，不管處境多艱難，那都無損渴望的堅定。那也是一種標準，不想苟活的標準，那不是高尚，而是成長。

不做趕不走的人

——

問

　　我今年大四，一年級與前男朋友交往，他是一個大男人主義的人，很保護我，也傷害我。但到最後一年，他總是忽略我，忙著打工、打麻將。我們同住，他對我漠不關心，我也無所謂。就在今年九月，我喜歡上同事，而男朋友極力想挽回，我狠下心拒絕，不給他機會，於是他搬走了，我卻開始捨不得，才明白自己根本不喜歡同事。

　　過了一個月，得知男朋友有了新歡，我們又有了聯絡，他說他們個性不適合，於是想要我等他。後來他們分手了，我以為我們可以復合了，沒想到前男友居然說現在只想單身放鬆一下，於是我又傻傻等了。但他還是跟他的新歡聯絡，甚至讓我發現比跟我之間更親密的聊天訊息。我幾次崩潰與發瘋的逼他做選擇。

　　一個人的心真的可以喜歡兩個人嗎？

一

回

　　同時愛上兩個人的可能是：這兩個人都只滿足他某一部分，所以需要另一個來彌補缺憾。但這個理由對妳有意義嗎？

　　男人的愛有很多種，大男人的愛，特色就是男尊女卑，像玩家家酒那樣，他扮演皇帝、妳扮演女婢，妳必須持續繞著他的人生公轉，關係才得以持續。只要妳一開始接受這樣的玩法，他就不會覺得是他對不起妳，反而覺得妳生氣是無理取鬧。直到有一天妳愛上別人了，他才得知妳是玩真的，像公雞的羽毛被拔光一樣。

　　妳該發現愛是不滿足才會去努力爭取的，所以不該讓男人覺得妳趕都趕不走。妳不那麼愛新男友，也是被前男友的軟化、回頭所影響，畢竟那是終於盼到的轉身。妳和前男友一樣，對於遺憾有一種想征服的癮，得到了，沒有方法好好相處；得不到，又苦苦等待。

外遇，因為放鬆？

—

問

　　我很愛一個人，他是知己也是同事（我們都已婚）。他說跟我在一起才能完全放鬆（不管是談心還是情欲方面）。最近他不再主動分享心事，說想安靜，身體累了，想調養。我們開始有些爭執，追問他為何變這麼冷淡？他總是說我想太多了，他沒變。但今天我們又爭執了，他說，因為我讓他有壓力，也覺得我要太多。我問他何謂要太多？因為他不想付出嗎？他安靜了。我因此失眠了，懷疑自己到底哪不好，才讓他有如此轉變。

　　補充：每每都是我聽他說，但他卻沒時間聽我說，要他聽我說，算是要求太多嗎？

一

回

　　跟妳在一起才能放鬆是有前提的，就是有個不放鬆的角色做對照——他的老婆——沒有她的對照，妳的「放鬆的價值」就不存在。你們的外遇就是這樣開始的，發現婚姻有很多無解的壓力，於是越來越容易向外求，以為另一座山巔如此遠又如此美，卻沒想到當妳想把距離拉近時，一切都變調了，妳的要求變成壓力。

　　他就是不想離婚才外遇，並非想結婚才跟妳在一起。一旦發現妳想變成婚姻裡的那個人，他對妳的夢就醒來了。不用怪他，該怪的是妳，違背了遊戲規則。妳期待他的妳也做不到，否則妳該先離婚，等他離婚後再追求他。

　　妳想要的是什麼呢？有想他要什麼嗎？還是只管自己要什麼？建議妳立刻用最痛的方式下決心放手，這比不這麼做的任性要好上一萬倍。

　　是的！妳不該外遇！已婚的外遇就不該奢望擁有什麼，因為擁有要有高道德的標準。

對方不肯離婚

——

問

在婚姻的路上，我做錯了選擇。先生對我是好的，給我百分之百的自由，會分擔家務，也常花時間陪伴孩子。但我們個性不同，我積極、他被動，我凡事盡力求好，他低空飛過即可。

婆婆從小極力保護她的孩子成長，捨不得他們吃苦，捨不得他們做事，間接造成我先生生活常識的嚴重不足（例如他不會分辨蔥跟蒜苗，吃蟳肉棒時會連塑膠套都丟下去煮，更誇張的是，他居然不會分辨獅子與老虎），無知的令我錯愕。

與先生這樣的情況，我明白自己禁不起身邊出現的任何一點誘惑。我想找尋另一份愛，不管是背著他或是明著告訴他，但我實在無心傷害他，進退兩難。

前一陣子簽好離婚協議書，但先生一直逃避去戶政辦理，我要怎麼做才能讓他死心，答應跟我離婚？我真的想解脫。

一

回

　讓他死心也許跟要妳對他恢復信心一樣難，妳的難，難在無法作假；他的難，難在不能獨立。妳在這個婚姻裡要的東西已與他想要的越來越沒有交集，妳要的是愛與互動，他要的是家與依靠，所以才這麼不想放手。

　因為在他的成長經驗裡，公道的溝通是不必要的，男人該做的是讓女人全權照顧，如果能宅在家裡更好。至於愛與性，則可以被網路和孩子取代。不要以為他很怪，每個人都是獨特的，被不同的父母長期塑型、控制著，誰能不嚇死人的怪？大家都把怪的自己認真的藏在主流的角色裡。

　妳要很開心，因為妳很明確知道自己做不到什麼，只是若想離婚離得不兩敗俱傷，就得有耐性和愛心。妳有多難受，他就有多恐懼，這是相對的，也是妳要了解的。不懂得他的恐懼，妳就以為他是死都不放，其實他只是不知道怎麼放手。

　也許可以替他想一些替代方案，像是答應他離婚後仍可住在一起，或幫他想想解除恐懼的方法，他才有可能放下。他不是不能放下妳，是不知道怎麼離開這

個舒適窩，不知道怎麼獨立生活。或許可以幫他找個伴。

　　真正的解脫不是離婚，而是無視於婚姻的存在，婚姻就綑綁不了妳。你們的各自生活不也就實現了？妳不是說你們早就是這樣的生活？當情緒不再受離不離婚影響，妳那時的自在才有能力讓你、讓他真的放下。

太像媽媽，不像情人

———

問

我今年二十一歲，小時後在家庭得不到愛，以為只要長大找一個互相喜歡的人就能彌補心理的缺憾。高一的時候認識初戀男友，他會拉 K、抽菸、打架，會交往是因為我覺得他家境好可憐，跟我好像，所以基於同理心，不能離開他，要一直陪在他身邊鼓勵他、照顧他，讓他開心。

儘管他對我再怎麼不好，我都忍，別人勸分的話我都聽不進去。沒多久我懷孕了，他媽媽騙我去婦產科把孩子拿掉，沒有麻醉，我痛暈在宿舍的床上。分開後他跟他媽在我背後把我講得很難聽。

後來，上了大學，遇到一個男友，很自私，一杯飲料也沒幫我買過。不過我能做的一定去做，就這樣交往了兩年，我在職場上遇到 A，一下班就用 LINE 密我說「今天辛苦了」，我沒想太多只覺得遇到好同事。沒多久我得到肺炎了，甚至咳到跪在廁所吐血，男友依然在打 LOL。

　　跟男友分手後，A 開始積極的找我，然後我們上床了，他卻對外說我們只是朋友。然後我又不小心懷孕了，他帶我去拿掉，也是沒有任何照顧。肚子真的好痛，我自己買豬肝湯回來喝。之後他來找我，一心只想上我，我一律用嘴幫他，讓他舒服，可是還是沒有一個名分。跨年那晚，我無意發現他跟另一個女生曖昧，心像被撕裂那樣。

　　我慢慢的離開他的生活圈，搬回家鄉半年後，開始跟三年前就認識的朋友有比較多交集，稱他為 C，他說他也想以結婚為前提和我交往，保證不會因為我跟他上床就不愛我。沒多久，他也變了，我提分手。不到一個禮拜，他跟別的女生搭上線，載那女生出去玩、到處打卡、血拼。

　　我已經對愛情死心了，從十六歲到現在二十一歲，五年的時間讓我看清男人，或許你會說年紀還小沒關係，但我身心受過的傷，不是三言兩句就沒事的。我覺得我好髒，拿了三次小孩，我很在意可是不知道怎麼辦，我願意用壽命彌補。而他們連一句對不起都沒有，所以我放不下心中的恨。我該怎麼做才能讓自己比較坦然。而面對下一段感情，我是不是不應該再那麼奉獻了？

一

回

　付出，其實是一種獲得，因為人在付出的時候才會碰到愛；而被付出的人，若只有接受，卻不付出，那麼他離愛就會有點遠。

　所以妳不斷付出就會不斷在心裡生產愛，這也是妳不覺苦的原因，那不是旁人可以看到的收穫。反而是妳的三個男友比較苦，因為妳都沒讓他們對妳付出。

　關於妳對他們的付出，不管是省吃節用幫他們買衣服，還是偷偷塞錢給比妳有錢的男友，妳的付出都是很快樂的，倒是他們不一定接受得很快樂。因為沒有付出努力而得到東西，是不會有滋味的，尤其是一再主動送上的禮物。

　就像把孩子寵成媽寶一樣，妳以為他們會日久感動，感謝妳的一路委屈。妳甚至不知道被妳寵壞的下場，就是養出不成才的男友。所以當妳墮胎需要照料，卻被他們冷落對待，是很合理的，因為妳一路都讓他們覺得妳可以自理、不怕吃苦。

　是的，妳太像媽媽了，不像情人。

　能有段時間對男人死心其實不壞，愛情本來就會製造問題，妳不用擔心這會維持多久，等經濟獨立、狀

況變好，妳就會有心情遇到下一個男人。

　　或許可以試試讓男人多為妳付出，而且不要太容易滿足，讓他辛苦一點，讓他跟「愛」在一起久一點。把妳付出的快樂也讓妳愛的人嘗嘗看，你們的快樂就會「禮尚往來」起來。

是愛你，還是愛面子？

———

問

　　我男朋友剛剛發現，前兩個月他向我提分手後的幾天，我和男網友偷偷出去，有談價錢打砲的計畫。我沒有真的做，只是不知道怎麼了，空虛想玩而已。當時讓男網友知道了我的地址，我們那天出去看夜景、聊天，什麼都沒有做。

　　回來後，我心裡很懊悔，覺得對不起男友，所以立刻封鎖那個人，但訊息卻沒有刪掉，被男友看見了。他生氣又難過的來問我，我只能解釋那是當時心情不好才這樣的。他說連價錢都談好，地址也讓對方知道了，還想怎樣？

　　他說，這跟他所認識的我差太多了，覺得我真的很婊子，如果還相信我，以後不知道又會怎樣，是不是什麼事都做得出來？我真的很難過，知道自己對不起他，希望他能夠再相信我一次。

　　他說，他想要一個人靜一靜，可是我內心好著急，我真的不知道該怎麼做才好，請幫助我。

一

回

　　這是哪門子對不起、對得起？如果妳把重點放在這裡，那真的沒救了。因為會在乎對不對得起的問題的人，是愛面子大過愛妳的。妳形同犯了唯一死罪，還救什麼？

　　但如果妳把重點放在對不對得起以外，那還有機會，方法就是柔軟又有自信的把他迷惑回來。一個心急又貪心想把一切挽回的人，會讓人倒胃口。

　　把他追回來吧！首先跟他說，妳願意連續一年每天幫他按摩一小時來贖罪，如果不想按摩可以拿這時間來做他更滿意的事。苦苦求他復合，不如臉皮厚一點，想一些可愛又可笑的天真點子。

　　最後妳還可以小小恐嚇他、告訴他：如果他有他想得那麼愛妳，就應該有足夠的愛來原諒妳；而妳對於傷到他的心，覺得很對不起，但請給妳機會幫他療癒。

　　如果再不行，就放下他吧，因為他鑽牛角尖可是卻與愛無關，完完全全就是想不開，跟這樣的男人談戀愛也滿累的。

有距離的愛他

—

問

　我十八歲，和男朋友剛在一起時，他對我很好，但現在卻變了許多，不再關心我。我想聊天或見面，也要看他心情。我知道他還是愛著我，但我有時候有點無理取鬧，讓他受不了。我用盡心思想讓他回到以前，他總說會努力改變，但我真的好傷心，也因此每天睡不著。

—

回

　愛一個人，尤其是第一次強烈愛上，都會不知道怎麼端著這滾燙的愛，滿滿一整鍋突然落到妳手上，所有妳意想不到的狀況同時發生：失去的恐懼、爭吵後的和好、沒有安全感的猜疑、短暫卻要命好的擁抱……於是妳手忙腳亂、心煩意躁。因為妳的人生還很嫩，所以這些初次體會都是加倍的，沒幾個人應付得好，

沒幾個人不犯錯。愛情是一種體驗，體驗妳是怎樣的人，容易上癮又煩人？還是不勉強人？是比較重視溫柔或是愛沒事找碴？

妳可以調整，如果妳在乎對方難受；妳可以更有魅力，如果妳懂得勾引而不是索求。情人不是拿來收藏的，不然妳就會一天到晚懷疑他手機裡藏了誰。情人不是抱怨的對象，要記得當媽媽和當情人有差別，媽媽會管、會擔憂、會跟、會嘮嘮叨叨，但情人的重點就是愛、就是浪漫、就是享有，不是占有。

妳的苦惱大都是因為占有才引起的，因為妳怕他劈腿。但占有會引來懷疑和壓力，越做越錯，妳就越亂做，就像有些媽媽溺愛孩子一樣，孩子不是不懂報恩，是天天這樣就會不舒服。愛，要懂分寸；愛是鹽，是來給人生提味的。如果妳想要把愛變成人生的全部，小心，任何東西過量都可能要人命。

教妳一招，把這則回覆給妳男朋友看。若他看完要離開妳，妳就忍痛笑著、抱著他說 Goodbye；若願意跟妳繼續走下去，妳就要有一點距離的愛他。

放鬆，愛就會進來你們之間。

互不滿意的糾纏在一起

――

問

　　我跟我男朋友在一起四年了，慢慢的開始互不相讓、互不體諒，開始吵架。去年我搬到其他地方工作，他在當兵。我堅持不要一起住，因為我知道住一起不會開心。起初我很堅持，他非常生氣的鬧脾氣，後來我妥協了。現在住一起幾乎天天吵，我相信他也不好受，但叫他搬走又不肯，說我無聊。

　　常常兩人一見面就為了小事大聲吼叫，真的不懂他為什麼堅持一起住，分開住不好嗎？我想分手，再這樣下去真的會崩潰，但我猜提出分手又會無止境的吵。我要的只是一個可以放鬆的私人的空間……

一

回

　　妳別再寵他了，如果他如此不可理喻，你們的生活有什麼品質可言呢？妳的問題是根本沒有決心面對問題。妳沒妳想像中累，還撐得住。

　　住在一起會天天吵，那還能愛什麼呢？你們只是保有一種不寂寞的形式。為何不寂寞？因為根本無愛可言，沒有愛就不會有寂寞。

　　他說不要分開，理由卻不是愛妳或要讓妳快樂。分開住他也不要，他就是這麼死皮賴臉，沒能力體會妳心情的情人。除非妳不在乎，不然痛苦就無解了。

　　既然沒有能力下定決心，妳可否學習把他當做家具擺著，像他需要妳那樣，吵架無所謂，只要妳存在，這就是你們可以繼續的形式。

　　只是這樣子也會養成習慣──互不滿意的糾纏在一起。

失去家的痛苦

問

　　跟老婆在一起連結婚有十五年了，她在前陣子換了工作之後就整個大轉變，刻意減肥，上班穿得好像要去約會一樣，原因是她在公司認識了一些同事，其中還有幾個女 T，但跟其中一個特別好。她從以前不大用智慧手機到現在從不離身，連洗澡也帶著，還警告我不能夠碰她的手機，除非她在的時侯。她半夜會偷跑出去，還會在上班時間跟那個女 T 出去玩，現在甚至規定我一星期要讓她出去一、二天（其中一天要睡外面，因為打牌），似乎忘了我們還有一個女兒。

　　她從來不做家事，連接小孩下課、陪寫功課、洗澡也都是我做的，我真的不是在抱怨，只是覺得心理不平衡，可能是我賺不夠多吧！她連四天連續假期也都行程滿滿，這些改變讓我懷疑她是不是跟那個女 T 有染。最近常吵到要離婚，她說跟那個女 T 沒有關係，是我們累積了很久的問題。她是天蠍座，我是射手座，她控制欲超強又很強勢，往往吵不贏她。我很痛苦，

每天吃不下、睡不著，工作時也會亂想，而且她最近都不讓我碰，真的好煩，連小孩也都不太找我⋯⋯

一

回

　　婚姻裡的每一項擁有都要有能力，照顧孩子需要時間、需要錢，要和孩子有良好的互動就需要用心和觀念。很多老公留孩子和債務給老婆，老婆辛苦賺錢養孩子、帶孩子，孩子可能常被媽媽快爆炸的壓力壓迫著，久了會變種成可怕的氛圍和暴力，當事人可能察覺不到，這也是被你照顧的孩子不找你的原因。

　　所以要很殘酷的告訴你，你的能力是不足的，要先拯救你自己，把孩子暫時先交給老婆吧！她們家有其他大人會幫忙照顧，你只要能每天陪孩子做功課，慢慢把跟孩子相處的好氣氛找回來，不要盡是管教和叮嚀。放鬆，你們全家都需要放鬆。

　　然後可以的話就搬出去住，離開是讓你們能冷靜下來面對處境的方法，因為你們已經不適合在一起了，都給不了對方要的舒適感，連最起碼的現實都沒有交集，愛就甭談了。能起身優雅的說聲保重，是可以畫上溫暖句點的時候了。

　　女 T 是個果，但沒有她，你們也有很多問題。人生有很多轉折，一旦都用慌張來看待，就誤解了人生。感情變了、壓力大了、情敵出現、自我信心崩盤，這些轉折都是警訊。你若要硬扛，就算最後戰勝，可能只贏回屍首。

　　你的老婆若真看不起你的收入，就不會負擔經濟，並為你生孩子，不要恨，一恨你就以為你都是對的。你的老婆已經有她自己的新人生了，也許和你漸行漸遠，但也是一種幸福的距離。

　　不適合，能分開就是幸福。

—

再問

　　我已搬出去住了，也離婚了，小孩每個星期接過來住一天，但是心中還是放不下，常常會想到她跟那個 T 的事情，讓我很痛苦，一個人也很孤獨寂寞，她們越來越好了，真的很痛。

　　現在和她純粹講小孩的事，送小孩回去時會碰到她，永遠都不跟我多說什麼。我到底還要多少時間才能走出來？常常會想要打電話給她，但是都忍住了，即便聯絡小孩的事情，她也是冷言冷語，聽到真的心冷又

心痛。我到底怎麼了？好像離婚了，但重心還是圍繞
著她母女！

一

回

　　放下，是把手張開，不是失去。如果很難受，不要
否定自己的心情，就去關心、追求、表態，但方法要
改，讓前妻對你改觀。

　　你必須先閉關一陣子，如果你總是這麼可憐兮兮、
慌慌張張的現身於她面前，狀態怎會改變？就像要去
同一家公司二次應徵一樣，你只是去抱怨為何不錄用
你是沒意義的。

　　孩子也在等你脫胎換骨。當你越來越好，就不會像
現在病態的胡思亂想，一切的問題來自於你的人生沒
有重心，你沒特別愛什麼，才會因為家的落空而渾渾
噩噩。

　　家不是一棟房子，也不是幾個人、一些錢和法定關
係；家是一種需求，讓你的感受不致流落街頭。其實
你一直到此刻才有真正家的感覺，所以才會追尋她們
母女的味道。

　　這世上大多數的人都不知愛是什麼就愛了、不知婚

是什麼就結了，由於每個付出都涵蓋過多責任，通常都來不及沉澱幸福的風沙就又埋進了責任裡。生活不斷和愛人的感受擦肩而過，日子久了就拉遠距離。

你真有心，就要有長期的耐性做保底，把母女當做是你的妹妹，看她們成長、陪她們吃飯，從每次相聚的小美好中建立她們對你的信心，並絕對尊重她們的生活模式，不要讓事情複雜化。

孩子有孩子的命運，你有你的命運。面對生命的轉折，懂得欣賞、懂得找舒服的位置、懂得思考緣分帶來的意義，別太制式化的想家人和家人的關係。沒有這次的分離，你的想念和執著不會像如今濃烈。

你不但沒有失去她們，反而終於感受到她們的價值，這都是距離的功勞。

我不是真的原諒你

一

問

　　我和老公結婚七年，有三個小孩，半年前老公外遇女同事被我發現（他們在一起半年），當時他說了很多傷害我的話（不愛我了、我留他的人留不到心、我破壞他和那女生等），但幾天後談，他說只是亂說，他選擇我，知道錯了，不會再和那女生聯絡（之後真的完全沒聯絡），於是我選擇原諒。但是我內心很不快樂⋯⋯

一

回

　　當妳不快樂，就表示不是真的原諒他了，是被迫原諒，但被迫的原因是什麼呢？有可能為了保有家的樣貌，有可能不知道怎麼獨立生活，有可能考慮到孩子，有可能是心情一團亂不如就擺爛，有可能逃避離婚後的種種壓力、有可能不甘心⋯⋯而且時間緊迫，只夠

讓妳跟著他的懇求點頭。

　　他當時絕對說錯許多話，不用急著原諒他，在外遇被抓到後語言暴力的人，顯示他很情緒化，而且沒能力處理危機，這點比他外遇還嚴重，也是妳不快樂的原因。被誘惑事小，事情爆發後的惡劣態度才真正傷人。那種致人於死地的凌辱字眼可不是道歉就會悔改，那種暴衝是一種懦弱，懦弱最難改錯。

　　要讓他清楚妳的傷沒那麼快復元，趁這個機會叫他分攤家務、幫忙照顧孩子，人只有在付出的時候會找回愛的感覺。

　　妳付出那麼多，情緒當然不會好，甚至對他已累到不感興趣了，或許這次的外遇事件對妳而言是好的，沒經過這件事，他不會從大老爺變成聽妳話的人，妳也看不到他有情緒失控到令妳害怕的一面。不平衡的關係遲早爆炸，小三只是引爆點。

　　相信他會學乖一些，所以可以明白告訴他：只要再有風吹草動，就請他好好照顧三個孩子，妳不想再過多一秒鐘這麼不值錢的人生。累成這樣，還要花時間擔心外遇會不會再來一次，妳問他：「如果妳是他女兒，他會怎麼勸妳？」

　　不要怕那個小三，真要再來，就是妳解脫之時。

刪除臉書和 LINE

一

問

　我前天我男朋友分手，結束十個月三百天的日子，過程中我提出四次分手，這一次是真的分手，在分手的前一天我們還說著深愛彼此，但隔天卻又為了無法見面的事情大吵一架。這一次我很清楚不會再心軟，也不會再回頭，只是不明白為什麼他和前女友都能繼續聯絡，而我卻被刪除了臉書，LINE 也被封鎖了，是不是這三百天裡所有甜蜜都只是假象？只是過眼雲煙？現在的沒有辦法再相信愛情，更沒辦法相信男人，覺得談戀愛好疲憊、很無助，不知道該怎麼辦了。

一

回

　　跟前女友繼續聯絡，可能是因為變回普通朋友的感覺了；而會有封鎖人的舉動，都是用情太深或心思太亂，這兩者的差別是不是和妳想得差很多？刪除妳的臉書和 LINE 的這個人，是在很沒感情的情況下才做的嗎？妳以為有臉書和 LINE 的人才能證明愛的存在嗎？妳對愛的定義實在太幼稚了。

　　愛最傻的地方是：很容易為對方的一些小事而糾結生氣，這也是他不斷和妳吵的原因，妳以為他無聊到不愛妳、不在乎妳，卻浪費那麼多時間跟妳吵，是不是妳的邏輯太奇怪呢？妳的無助是因妳無知。

　　你們不適合，但還吵了那麼久還在一起，就表示你們一直有愛的，只是都很幼稚而已，當然就不適合。

該保持距離嗎？

———

問

　　去年我失戀時，一個朋友一直在身邊陪我、幫我，把我照顧的無微不至。他的女友知道後一直要他跟我斷絕關係，但他說不可能，因為我對他而言是很重要的朋友。我們在網路上認識，屬於不同國籍，但或許因為不會見面，所以我把所有事都跟他說，讓我在最孤單的時候，重新振作。

　　上個月，他的女友和他提分手了，他非常難過，我看了心好痛，跟他說我會陪伴他，像他之前幫我一樣，他也說很需要我。我發現自己好像喜歡上他了，開始想多了解他，我也把想法告訴他。但他現在不想談新的戀情，想先好好療癒受傷的心，希望我們繼續當好朋友，但也說之後的事情很難說。

　　是他讓我再次相信愛情，我跟他會有結果嗎……還是，我要跟他保持距離，像普通朋友關心他就好了呢？

一

回

　　心被觸動時，愛就從此形影不離了，尤其遠距離讓妳的關心沒法更進一步，尤其他心中還有前女友，讓你們呼吸著冷靜的空氣。這麼完美的保護，妳當然會不知不覺愛上他。

　　命運是一扇扇的門，進去了往往就出不來，他和女友的關係變化看似與妳有關係，但其實是他先選擇了一扇門後的旅途──選擇與妳互動。這一定是看到了讓他心有所感的風景，所以即便女友反彈了，但他還是堅持往下走。也許他們的關係早就沒有窗也沒有門，而因為妳，這個問題才有機會水落石出。

　　要留還是要分，每段感情都會有階段性考驗，但不要用悲劇的角度去看，這很可能是鬆綁彼此的機會，他的痛苦可能也不是妳想的那種痛苦。

　　他在妳很痛苦的時候陪伴和理解你，是妳的幸運，妳想用同樣的方式幫他卻很危險，因為妳現在的心思沒那麼單純。應該給對方冷靜期，彼此先不要聯絡，等他寧靜的做出選擇後再碰面。

付錢就是負責嗎？

一

問

　　我三十九歲，男友四十歲，我們交往快一年，以成家為前提交往，他有許多優點，我也相信他對我是認真、有愛的。我有負債，他體貼的說要慢慢替我還清，但在一次爭吵後作罷，和好後未曾聽他提起。交往後，他也沒提起要替我負擔房租，我認為這是男人的責任，房租都不負擔了，更遑論養家活口。

　　他的日常作息我都了解，幾乎都在工作，我也隨時找得到他。我已是三十九歲的女人，結婚、生子已迫在眉梢，萬一這場戀愛不會走進婚姻，就白白浪費青春了。

一

回

　人生這一趟，不是為結婚來的，把結不了婚的戀愛看成浪費青春，那麼妳的愛情根本只是備胎，只是想結婚的誘餌。妳要的安全感其實就是猜疑，一有風吹草動，安全感立刻不見，一旦進入婚姻不就成天疑神疑鬼？

　妳期待的條件都很實際，比如幫妳付債款和房租，付了這些款項就是負責了嗎？難道妳沒聽過「只付錢，不回家」的例子？

　急著結婚讓妳變成很僵硬的人，所以才有硬邦邦的標準，看不到妳的溫柔與真情，只剩下緊張與不安。這時代是容不下女性這麼看待婚姻的，若不能獨立，得到的都會是虛的。男方幫妳解決現實問題，一斷了付款，妳就把他想成是不負責，卻毫無自省是妳在麻煩別人？

　婚姻在這時代已有很大轉變，不容許過度依賴了，做不到這點，就算妳如願結婚，也很快就會被唾棄。

沒有成全就沒有愛

——

問

　　我結婚兩年有個一歲的女兒，與先生從高中開始交往，十二年後走入婚姻。在結婚前兩年左右，我因工作關係，離開臺北，認識了 A 先生，一位已婚且有小孩的男士。

　　我跟他可算是一見鍾情，那種對愛情的悸動非常濃密，我們失去了理性，開始交往，就像一般人談戀愛那般。甚至當我又回到臺北工作，還是一樣遠距離聯絡。

　　我們的感情很快就因為嫉妒與占有欲而變質，我們說要結束感情不下十次，分分合合，滿身是傷。終於他老婆發現我們的事了，我跟 A 先生透過電話分手，他們夫妻選擇修復感情。

　　這段戀情已經是四年的事了，但我忘不了他，很痛苦，這四年我們還是會互傳簡訊，從簡單的問候與近況分享，到後來會變成不是很友善的對話。從中我得知，他對於我結婚這件事還不能釋懷，而我也氣他說

要離婚卻還是幸福美滿的一家三口。所以談到我們各自家庭的事情，就是傷人的對話。

幾天前，他主動跟我說話，提到：「我不愛人妻，可是還很愛以前那位正妹，正妹不見了。」我哭了好久。

他還是愛我，就像我也愛著他，只是我們都不該再介入彼此的人生了。不知道您看完我的故事，有沒有什麼話能夠開導我，謝謝。

一

回

愛得再濃，還是要有好的緣分護送你們的愛。當他在不對的時間出現，當妳在對的時間錯過他，這都說明了你們掌握不了你們的最佳時機。妳氣他說要離婚不離，但妳也沒離啊！可見一樣是已婚的妳也知道婚沒那麼容易。

你們連電話都沒法好好講了。漸行漸遠的關係裡，會有一段時間迴光返照，會突然想緊握即將放掉的感情，這是溺水前的最後一次呼吸，是生理與心理的自然反應，無關愛，只是心酸、不甘、憤怒、回憶、壓力製造出來的一種垃圾，沒有意義，只有情緒。

　　妳讓自己陷在這麼暗的天地裡的原因，是妳不讓這齣華美又短暫的戲落幕。這戲原本是充滿激情、充滿意外、充滿僥倖的愛情，妳想把愛情變成永遠持平的愛，可是愛不是這樣轉換的。真要讓愛情變成愛，就要懂得護送，而不是想滿足自己的需求，沒有成全就沒有愛。

　　成全不是犧牲，而是不讓曾經的驚豔變成歹戲拖棚。好好保護你們共同創下的的美好回憶吧！不能知足的結束，才會繼續貪婪的追尋。

　　你們早就沒有能力介入彼此的人生了，好好說再見，是妳能挽回尊嚴的最好作為。

不告白，覺得遺憾

問

　　她雙魚座快四十歲了，我巨蟹座三十五歲，我們是做學術研究工作的同事，她的個性符合我心目中的完美女人！她對工作相當認真努力，獨立自主，而且很顧家。而我只有約聘的工作，身體不算好，四年前還得了舌癌二期，現在痊癒了，但是心裡的變化很大，覺得一切都如浮雲，也找不到自己的重心。不過，當我慢慢認識她以後，意識到我可以為了別人而活！如果是她，我可以努力，我有以下問題：

　　1. 她在我面前從不談起她男友，您覺得她的心態是什麼呢？

　　2. 我該不該繼續待在她身邊呢？離職當然就也離開她，但我會遺憾一輩子，生活又再度失去重心！

　　3. 該不該說出我的心意呢？說了，往後的工作就一定會出現尷尬的情況！不說，難道就這樣默默的當個同學或學弟嗎？不論我現在離開或以後分開，我還是會寫信跟她說我的心境。

4.另外我對老師 FB 的一段話有疑問：「單身，不是要你離開誰，是要讓你在乎的人，比較放鬆跟你在一起。」我是不是該讓「我在乎的人」知道我的心意呢？

因為她有了另一個他，我也不想要當小王！但是我該如何讓她以「非同事學弟的身分」與我放鬆的在一起呢？（我知道我很蠢！天涯何處無芳草，何必單戀一枝花。但是心目中的完美女人也不是隨隨便便就找得到的。）

一

回

1. 不要以為她沒提男友就等於你有機可乘，這樣問問題另有目的，答案也可能是偏頗的，真相可能是：就算她不喜歡男友，也不表示要放棄男友。感情關係裡有一種習慣是比愛還堅固的。

2. 遺憾一輩子是因為你對她的好感還在，不表示是不好的。遺憾至少有個好處，就是沒有搞砸這個讓你找到生活重心的愛慕。

3. 說或不說，重點在於不管選擇哪一個都要能「不強求」，否則這個選擇是假的，你只是想透過說或不說來執著，只是不想放棄這個執著又怕痛、怕遺憾、什麼都怕。

4. 想要放鬆又不放棄在一起，就是保持現狀，在你還未確定她的感情動向前，都不要出招，好好享受這種藏在心中的暗戀。也許寂寞難耐，但這就是你的安全堡壘。

或是請拿出勇氣說明，被拒絕就大器離開，否則這份愛就會慢慢變質，成為一種不滿、一種混亂。

花錢得到的愛

―

問

　前女友離過婚，有一個小男孩，由孩子的爸爸撫養。她離婚後交了一個男友，結果她酒駕，那個男生就跟她分開，之後跟我交往。她有刑事跟民事賠償，一開始我說會幫她付全部。但那一年母親節，她開始變了樣，跟她前夫一起帶小孩過母親節。其實我不在意他們出去，重要的是她一通電話都不接，接了就罵我，那是我們第一次吵架。

　我們分分合合好幾次，每次我都拿錢給她去應付刑責罰金，但每次付完她就原形畢露，又跟人出去喝酒。我們曾經同居半年，每次吵架都是因為她常常出去喝酒，平均一星期出去喝五天，而且有男生接送。我只不過念一下，她就變本加厲。

　其實她曾經劈腿一次，我跪下來求她，後來就一直減少給她的錢，最後還是給她二十四萬現金。她的刑民事差不多四十五萬，後來她去貸款。最後一次跟她復合，她說民事第三期要三萬，想去做 S，但我不願

意看她這樣，馬上又向人借錢幫她。

結果有一天我去載她下班，她跟我說朋友約唱歌，我也載她去，但她打給我說她今天沒辦法來我家睡，也不用我明天載她去上班。我覺得不對勁，到她家樓下埋伏，結果有人送她回家，我當場抓包，後來她跟他去澳洲當臺勞。我想我當時太意氣用事，或許當時沒有破了局，結果就不是這樣，我真的還是很愛她。

一

回

當她第一次劈腿被你發現，而你用跪下來挽回，這個轉捩點是你定下的，也就是說是你求她跟你在一起，而他答應了，這個答應也給了你們全新的標準。你給她錢是為了討好她，讓她沒有後顧之憂的跟你在一起，只要她的壓力減緩，你們就相處的比較愉快，所以錢是有目的的付出，不是單純做善事。

另外，她不斷有新男友不一定是她花心，她也跟你坦白了，想做 S 來還債，當債務未還清以前，她的浮躁是合理的，於是她去了澳洲。你後來想若當時不意氣用事，或許就不會破局。但那就會是最糟糕的局勢，像你這樣卑微的用錢來維持這樣的關係，根本就是她

其中一個顧客。你若不能理解這個身分，就會連純消費的快樂都沒有，所以才會這麼依依不捨又無法放下。

　　放下吧！你花的那些錢至少都有達到功用，讓你的心短暫得到滿足，也讓她的經濟壓力暫時鬆綁，這樣的收穫雖然如流星，但也如痴如醉的閃亮過。你就祝福她早日還清債務，也珍惜自己曾經這麼傻的幫過她、愛過她。

包山包海的關心

一

問

　　我愛上一個讓我自己覺得沒有未來的男人，他是我同事，有負債，工作不認真，每天得過且過。我問過自己千百次，明明他就不是我心目中的好男人，為何我卻對他有感覺！

　　我們一開始會互相傳訊息，但是後來卻很少，我傳訊息給他都是提醒工作上的事情，他卻愛回不回。我知道改變一個人非常困難，我並沒有想要去改變他，只是希望人生有未來，但是他卻無法跟著我的腳步走。我想放棄卻放不了，只要我還在這間公司一日，就控制不了情感。

　　我感性的一面，很喜歡他；理性的一面又知道他不是我的良人，每天這樣壓抑，精神已經受到極大的刺激，開始有自虐行為。我常覺得老天爺在跟我開玩笑，遇到喜歡的人，卻不適合。他只要肯努力，再苦我也能接受，但是近期觀察，實在難以改變。

　　我很迷惘，不知道該如何抉擇。

一

回

　　妳想放手愛，但看不到未來，那要不要縮小範圍，給自己短期的愛。為什麼大多數感情在關係確認後都會涼掉一截，因為考慮太慎重，想得太遙遠了，都在一開始就計畫著將來，但明明還不了解對方。

　　純愛他，別管他，不介入與愛無關的部分。妳以為包山包海的關心是真的關心嗎？這種關心都會因為不如妳意而轉變成不滿和焦慮。不介入有很多好處，他的負債跟妳無關，工作不認真也是他的事。既然他只有愛情的部分能滿足妳，何不單純的享用這部分。

　　大多數的女性都會被傳統訓練，在一開始就想永遠的事，但那是很不切實際的賭注。妳以為永遠是可以發誓就得到的嗎？妳以為永遠裡都是幸福嗎？妳以為把眼前顧好太不負責嗎？還是把自己的人生用力和別人綁在一起比較不負責？

　　天長地久真是個毒藥，用力負責很可能是用力的上癮。總是搖頭看著他讓妳不滿的部分，這樣的愛只能感嘆，哪有片刻可以溫存？要愛就要懂得簡單和欣賞，總是期盼他努力，妳就會從情人變成長官。

男友叫我拿掉孩子

——

問

　　我是二技學生，目前在補大學學歷，就讀護理系，學校環境不好加上我學不到新知，所以我想休學去工作，也跟男友說好懷孕就生。後來懷孕了，他卻轉變態度，一下說叫我拿掉，一下又說他會負責。

　　他下班打電腦、玩手機遊戲，想說讓他紓解壓力，但讓我心寒的是，他是遊戲會長，所以公布 LINE ID，有個女生加他，他說只是加她進群組，那為什麼對話要刪不老實講，還在我們吵架的凌晨一點聊？我覺得被背叛了，他說我在亂煩他。一個男的快三十歲還整天玩遊戲，有什麼未來？

　　在吵架那幾天，他問我小孩哪時候要拿？我快三個月了，他真的完全沒顧慮我的身體。他說我用小孩綁他，都是我們害他不能幹嘛幹嘛的（他講太多事我也忘了），表面上他跟家人朋友說會負責，結果卻如此。

　　在懷孕狀態下，他為了看電影放我一個人在夜市；還有一次他為了遊戲聚會，留我在捷運。我對他沒有

什麼期待了，但又不捨小孩，孩子是無辜的，我不知道該怎麼辦，我媽希望我拿掉。

我在懷孕中易怒，他沒有任何關心與包容，只覺得我愛鬧，他最愛的是他自己。我把自己搞得很狼狽，讓家人擔心，我心裡很不好受，但是我好不甘心。

一

回

不要怪他，他是能力不足造成了情緒落差與反覆，他沒準備好，也沒能力扛，只能用最反彈的情緒來抵抗所有難題。而妳既然知道讓妳心灰意冷的是他處理事情的態度，那麼對結婚的天真想法就是很危險的。雙方都不夠成熟，所以妳若要孩子，就要衡量自己有無能力獨力撫養小孩。妳願意付出那麼多時間照顧孩子嗎？沒有選擇那邊才一定對。

孩子是你們給這世界留下的生命種子，你們此刻的態度很重要，是以爸爸和媽媽的身分發言，在某個角度來看，已不容有懦弱的藉口。或許你們可以坐下來談談，首先把我的信給他看，接著雙方一起回答以下的問題：

1. 你可以體諒對方太年輕，能力也不足，承認沒辦

法扛責嗎？

　2. 你覺得你們有能力撫養孩子嗎？

　3. 若把孩子生下來，沒能力撫養，有意願把孩子交給有能力撫養的人認養嗎？

　4. 承認做不到，是保護彼此很重要的能力，你們知道嗎？

　5. 面對人生這麼重大的事件，好好面對，不要硬撐，彼此互相幫助。

感情的畢業典禮

問

　　我跟他是素未謀面的網友，一開始便知道他小我三歲，認識之初把他當做和自己弟妹一樣大的小朋友，而他卻明白說把我當成伴侶在追求，他認為年齡不是問題，重點是成熟與否。

　　聊了一個多月，一次他去國外出差十幾天，因為時差，不再即時回覆訊息，我突然驚覺自己已經習慣他的問候。我非常想念他，這種感覺讓我很害怕，因為我們從來不算開始過。我一直思考將近七年不曾談感情的我為何對他心動……

　　但他回國後突然變得很冷淡，回覆不若以往頻繁，除了言簡意賅，更常已讀不回。我問他原因，他說他沒有辦法把愛情放那麼前面，於是，本來是他的伴侶名單上唯一的我被刪除了。

　　巨大的難過開始侵入我，我用很長的工時讓自己忙碌、疲憊，以為這樣可以不要想到他。我解除兩人的臉書好友關係，但始終無法狠下心把他從通訊 APP 的

好友名單中刪除。我忍不住傳訊問他「忙不忙、吃飯了嗎？」加班回家的車上，也傳訊問他「到家了嗎？今天還好嗎？」他都有回覆，簡短而有禮貌。

家人朋友介紹的對象，我總不自覺以他當標準，然後排除和那些人的可能，只因為「他們不是他」。我不知道要怎麼停止，夜裡無法入睡、莫名哭泣，一有空閒腦海裡浮現的全是和他之間的種種。

一

回

莫名愛上了，就是愛情，愛情本來就是單方面對某人的想像。光是想像就可以讓妳養成習慣，這比相愛更能融入妳想要的情境，而且安全。他在某個時段陪妳一起想像，你們重疊了某段愛情。現在他醒了，妳該怎麼送別呢？

如同畢業典禮，在青春歲月裡的不捨總有很多眼淚，這典禮就是大家可以盡興大哭的好聚會。愛情最大的功課不是怎麼轟轟烈烈，而是怎麼美麗的結束，需要一首驪歌？還是一句保重？還是安排自己一次個人的短期遠行？還是像全天下失魂落魄的戀人一樣，慘痛一陣子？

　　妳應該謝謝他在那段時間與你談心，不管結局如何，他曾說過的愛情語言都是真的，在那些時光裡。一如有天妳也醒了，不表示以前對他的認真就是假的。

不清不楚就結婚

──

問

　　我二十八歲，男友三十歲，我們交往一個月，他一直很急著想結婚。他是個職業海軍，一個月只能回家五、六天，我總覺得他的個性還不穩定。他一直跟我說他戒菸、戒酒了，但跟他朋友出去時，朋友拿菸給他，還是會抽。我發現他的朋友很愛喝酒，也會去酒店，我男朋友說他只會在結束後去載他們，但我一直不太相信。

　　我男友的媽媽的身體不太好，家庭的負擔也滿重的。我猜他會不會是想娶我回家，照顧他媽媽。相處越久越發現他不太老實，但他確實對我滿有心的。我該怎麼做，怎麼觀察呢？

一

回

　　愛情最危險的地方就是：先愛上他才開始注意他是怎樣的人。由於愛情的下一個階段很可能是結婚，而婚姻又不只包括他這個人，所以複雜度和難度會瞬間提升到妳不一定能承受的程度。

　　妳很清楚他是怎樣的人，妳發現的問題一旦在婚後才出現（婚前和婚後出現有多大的不同，妳知道嗎），那時的差異會讓妳多無力呢？也許妳該重視的問題要修改一下，改成婚後若再發現他對妳不老實，妳會怎樣？會不會把妳對他的愛削減到什麼都不剩？甚至還要為他隱瞞的可能負債而擔憂。這負債不一定是指他欠錢，有可能是他的負擔。

　　目前他對妳是有心的，但你們若常為這些隱瞞的事吵來吵去，愛情的熱度又能持續多久呢？如果不想被這些負面猜疑所影響，就要討論你們的婚後相處模式，哪些要獨立？哪些不要介入？

　　不要像傳統的婚姻那樣，什麼都不清不楚的捲在一起，愛情和婚姻大多是毀在跟感情無關的事上。婚前不弄清楚彼此期待對方的權利與義務，婚後就會諜對諜的互不滿意，互相逃避壓力的打擊。

永遠的夢，毀了愛情

——

問

　　過去的四個月，我往返臺北三次，總共二十天，因為無可救藥的愛上一個臺灣男人。他比我大很多，是導遊，確實單身。第一次去臺灣之後他對我很好，我相信了他的所有，那個時候智商為零，兩人雖然身處異地，可是那段時光真的讓我感受到幸福。第二次去臺灣，他請假陪我一週，可是等我回國，他就不是之前的樣子了，開始怠慢、冷落，讓我失望，也許他一步步回歸了真實的他。

　　每當我對他有疑問的時候，他就說我感情脆弱、說我不信他。這個月的某一天他突然說希望我去看他，我第二天就飛去了，夜裡在他身邊聽到手機訊息不斷響起，然後電話又打過來。那一刻我了解了，原來有人和我一樣，他對我的、給我的，其實不只給了我一個人。

　　我還是一如既往對他百般順從，不想拆穿、和他鬧，也知道他早已選擇轉身，我只是他眾多過客中的一位，

達到目的他就會消失。可是如果他再一次要我去看他，我還是會很沒出息的飛去臺北，我可以放棄自己現在擁有的一切去追隨他，儘管這樣的機率已經微乎其微了。

　　一切的表現都說明他真的不愛我，我的等待和追隨還要繼續嗎？潛意識裡，我還是願意堅持。其實放棄他是正確的選擇，可是我走不出來，總是忍不住痛哭。很多年沒有觸碰感情，這一次卻這麼慘。

一

回

　　其實妳比他有滿足感，比他實實在在得到愛的感覺。有什麼東西能讓妳這麼義無反顧呢？很少是吧。也許一輩子頂多兩三次，很多人甚至一次都沒有。因為光是妳單方面愛他是不會讓妳義無反顧的，還必須要他讓妳在短時間從天堂掉到地獄。一切來得太快、太完美、太超乎預期，也去得太快、太狠，所以妳無法放掉。就是這麼血淋淋的夢幻，才讓妳難忘、難戒。

　　妳不是傻子，是真的嘗到絕美滋味，才那麼堅持。只是這些都是妳幻想出來的，但能讓妳這麼幻想的人就是他。這個導遊也許早習慣了飄泊，習慣在每個城

市短暫停留，此時旁人和妳可能都覺得他是個爛人，占盡一切便宜。但他很可能比妳還要失落，因為妳還愛著他，還留著愛的感覺，而他失去了妳，失去了愛的感覺

妳說他達到目的後就消失了，心裡沒有愛的人很容易沒有耐性，尤其當愛消失後，只剩欲望的糾纏時。所以他對妳冷落或逃離，都是他難受的時候。

不要以為他在玩弄妳，不要以為他在占妳便宜，是他找不到再愛下去的理由了，跟妳好不好無關；是他找不到和他對盤的愛，所以對每個人的每段愛都是極短篇。就像你們剛剛在一起的美好時光，之後你們各自會有不同的評論和期待，妳想天長地久，他也許只想戀愛。當兩人堅持不讓的差異越來越大時，就會爭執、就會猜疑、就會用力、就會變質，一切都不再單純。不知道怎麼處理的人就會爆炸或逃離，如果妳要怪他，那也要連妳自己一起罵，因為只罵誰都是不公道的。這是人類長久以來留下的惡性習慣，都不在一開始先搞清楚幾個重大關鍵問題。

妳是以結婚為前提嗎？還是妳只要愛情？

不要猜，不要以為一開始天雷勾動地火的精采戲碼永遠不變就適合長久在一起。

如果他騙了妳還無法嚇跑妳，那更表示妳是談戀愛

的危險分子，因為妳的愛沒有煞車系統，這樣的愛很可能毀了妳。

　　那麼多年沒碰觸感情，妳該知道妳很可能會過度期待，如果能調整一下對他的期待，或許你們可以回到妳要的那種愛的感覺。把他當風一樣的情人，不適合捕捉，只適合玩捉迷藏。每個人都有獨一無二的定位，不要獨占，只要享有。如此妳才可能從他的眾多情人中脫穎而出，甚至拜倒於妳的無所謂。

　　還沒搞清楚愛之前，不要輕言放棄。如果上帝告訴妳只能見他十二次，有這麼殘酷的限制，妳才不會貪求永遠，就會好好珍惜僅有的時光，專注的享受彼此的愛。唉！都是永遠的夢毀了愛情。

獨立的魅力

問

感情快三年，他總是說我管很多，我們常常因為猜疑而吵架，直到他帶了女生朋友回家睡。之前的猜疑是否是真的？或是因為我懷疑他，他才做出這樣的事情？

分手後陸續聯絡，在崩潰邊緣的我想挽回、想原諒、也想改變。《閨蜜》裡男主角說類似的話：「你給我太多壓力，是你在規劃我的人生，你說什麼時候結婚……」我也說過這樣的話。

現在我們有聯絡，也會去看電影、做那種事情，這樣的感情是什麼呢？他說他不能給我什麼答案？跟他出去時，總覺得電話另一頭是他的新歡，但是他卻說不是，我該相信？該這樣順其自然嗎？

一

回

　　現在你們雖然分手，但還是去看電影，還有做那種
事情，這就是他所謂的放鬆的感覺，沒有權利卻願意
付出；沒有身分卻比以往更親密，為何這樣？因為事
情不再是必然怎樣，沒有規定、沒有約束，反而更真
心、更自律，不是嗎？爭執反而少了，因為你沒有咄
咄逼人的空間。

　　大家都輕鬆許多，好緣自然也多了起來，妳只是太
習慣有個身分、有個什麼都要連在一起的安全感。那
都是空空洞洞的心魔，不但會給另一半厭惡的壓力，
還會逼自己無限猜疑。

　　妳若不想成為傳統沒有自我的女性，就別什麼都跟
他計畫在一起，只要考慮妳自己要什麼。只有先獨立
而有魅力，才不會因誰離開妳而驚慌心碎。

　　未來，沒有獨立靈魂的伴侶會沒有市場，妳恰巧來
到時代的分水嶺，妳要走新派或老派，隨妳。但要注
意選項背後的男人，先問他要走哪一派？找對同類才
不會浪費機緣。

不再是兩個人

越是難以忍受的寂寞，妳的不顧一切越是清楚。

曾背叛的愛情

———

問

　　我跟男友在一起不到一個月就認定彼此了，他對我非常好，給我前所未有的疼愛，跟他在一起就是完全的放心，讓我覺得他與眾不同，每天都很甜蜜。

　　後來他去了澳洲打工一年，而我因為工作和家庭因素，所以沒有同行，但我非常信任他，覺得我們的感情不可能會變。他後來又決定留在那裡一年，我漸漸感覺到他變得冷淡，不再說「希望我過去」的話，也變得非常難聯絡。因為猜測、懷疑太痛苦，所以我直說：「我覺得你有事隱瞞我，如果情侶之間沒有信任，繼續在一起沒有意義，現在就分開。」他要我不要亂想，要我不要離開他。

　　過不久，他終於坦承在那裡結識別的女生，並且發生性關係，但已經結束（誰知道？），希望我明年過去，想重新開始。

　　對我來說，打擊真的非常大！以前所認定的事情完全被推翻，就像否認了自己的信仰或存在。有朋友說

「劈腿這種事有一就有二」，要我保護自己，還會遇到更好的人；也有朋友勸我，如果真的愛他就不要放棄。

我無法決定，幾乎要人格分裂，可能兩、三個小時前決定分手，後兩、三個小時又覺得想盡力愛他。請您幫幫我！

一

回

他要一直考一百分，只要一百分，妳就相信愛一定存在；如果有一天他考不及格，就算他答應重考，妳也不要了。但不要就不要，妳卻滿心疙瘩，根本沒能力放下。明明還愛他，卻無法用行動去愛他，因為他髒了。

那些說「劈腿有一就有二」的人，為何不乾脆叫她們愛女人算了？男人最容易對抱持這種想法的女人倒胃口，因為她們把潔癖當做是愛的標準，一旦愛上男人不是嚴格把關就是常常猜疑，誰受得了那麼不相信你又要跟你在一起的人？

下一個不會更好，如果妳的想法不改，自以為是的話。愛是累積越久越有味道的，如果味道一成不變，

不要以為是一如當初，而是變成習慣罷了。如果遇到問題只能放棄，那麼攜手共度難關的夢在哪裡？如果愛的旅程只在溫室的花園裡來回散步，妳的勇氣、智慧將無處施展。

　　寧願迎接一個經過考驗後的人共度未來，也好過相信一個未經世事的完美情人的承諾。

感情重度的吸毒者

―

問

　我目前隻身在國外求學，在經歷了第一段感情的欺騙與背叛後，我低迷了很長一段時間，然後遇見了前男友，輕率地就進入了第二段感情。在一起幾個月後，我們在路上偶然碰到了他的前女友，她非常生氣的衝過來，對我們各打了五、六個巴掌。之後我們就一直吵架，我也陸陸續續的發現他對我說了大大小小的謊言（他其實和前女友糾纏不清）。

　一個月後我們分手了，我從被打之後就很憂鬱，無法走出陰影，而他覺得我被打不關他的事，這樣的憂鬱影響了他的生活，讓他也無法再快樂的跟我在一起（他一直強調他是個追求快樂的人）。我同意分手，因為我清楚他不是適合繼續走下去的人。

　分手後，我過得很痛苦，而他在不到一週內馬上又找到新的女朋友，很快結婚了。我很震驚，因為在分手的這幾個月內，我們都還有連絡，一度讓我覺得有復合的可能。有一次，我情緒失控的在他家細數所受

到的傷害，他完全無視我的存在，偶爾冒出幾句羞辱我的話。後來他老婆私底下和我談話時，勸我不要繼續陷在情緒裡，也表示我經歷過的，她現在也都經歷著（因為男方還在和打我的那位女朋友糾纏不清）。之後我就停止聯絡前男友，但我卻無法停止去想：為什麼他可以隨心所欲的傷害別人？

我無法停止想念他，總覺得會分開是因為被打之後，事情沒有處理好，但又覺得這樣的想法很傻。我其實一直無法從被打的陰影裡走出來，因為那位前女友從來都沒為她失誤打人的事情表達過歉意與賠償醫療費，所以我心裡就嚥不下那口氣。

我知道如果不讓這些事情過去了，就是一直在折磨自己，該如何調整心態來看待這些事，從這樣的情緒裡走出來呢？

一

回

走不出來，通常不是為了愛，都是想報復，又偷偷挾帶著復合的期望。一旦發現沒有復合的可能，妳又開始不甘心。因為妳除了怨他，找不到和他繼續糾纏的理由。也就是說，妳並沒有要離開的意思。

　　當他說他是個追求快樂的人，其實就是在提醒妳「他不會迴避快樂」，但妳刻意把這個擔憂藏起來，只願意相信妳想相信的，或是妳想猜疑的。後來他的前女友出現了，還和新女友結婚了，這些轉折也沒嚇跑妳，妳說妳哪有要放手？

　　妳嚥不下的是妳任性和執迷帶來的折磨，這和在街上突然過來打妳的前女友一樣，和明知他花心也要結婚的妻子一樣。妳們都是感情重度的吸毒者，毒癮很重，所以沒有理智和離開的能力。

　　比較可憐的是這個男人，永遠餵不保飽妳們這些情緒失控又依賴成性的女人，還狠不下心來甩掉妳們，誰來黏就讓她黏，連結婚也可以。他比妳們還像放不下的女人，瞎到一點個性也沒有，還提供免費性服務與被爆衝的辱罵。如果妳們真的那麼好，為何他不領情呢？

　　妳們都很痛苦，這點很公平。被自己害成這樣，還不甘心的去怪別人，一點道理都沒有。

一封給他老婆的信

問

　　我是壞女人，我把我跟男人在一起的點點滴滴都告訴他老婆了，因為我不甘心，心裡都是恨。我這麼告訴她的：

　　　　妳的老公跟我在一起五年多了，上上星期三妳女兒十一點還沒回家，妳打了三通電話，他正在泡澡。我長期都在中南部陪著他。他辦電話給我用，摩托車也是他的名字，單子都寄到基隆吧！

　　　　他說妳跟妳媽媽都很愛錢、都很勢力，連五百元的瓦斯錢都要跟他要。

　　　　他說妳的肚子有一大塊胎記。

　　　　他說他很不爽妳跟陳在基隆買房子。他說你的兩哥哥都姓陳。一個去世了。

　　　　他說對妳跟女兒只剩下責任。他說妳都不跟他做愛。

　　　　他在桃園的時候根本沒有住站所。我們兩個同居在外面。

他也是都叫我「老婆」。我們一個星期可以做愛三次。

他調去南部每兩個星期的星期五放假就會來我這裡。我們吃飯、喝酒、釣魚、釣蝦、做愛。就算他回家，星期天晚上也會趕來。他吃完喜酒也都會來。中秋節你們出去玩後，他也有來。

大前天，他也跟妳說他要開會吧！他帶我去吃薑母鴨，吃完做愛，他很熱情的親我。前天一早他才離開的。

他說給他五年，他會跟妳離婚，等女兒長大，會處理好跟妳的關係。所以我等，這期間我拿了三個小孩。

我句句實言，要是亂說，我不得好死。

這是妳的老公、我的男人，在我身上花了很多錢。

當然我也負債累累，跟妳說這些不會怕妳告，我真的沒差。我們在南部沒租屋，長期下來吃住都是錢。我看清了，希望妳也看清，這是我們的男人，遇到事情只會說對自己有利，卻毀謗別人的一個人。

劉小姐，跟妳說一聲對不起。妳要告我就去告，我做過的我會承擔，也願受處罰，我不會像有些

人敢做不敢當。

　　這個男人還妳，也許他從來都不屬於我吧！問問他，他的衣服跟他送我的筆電還要嗎？

一

回

　　能一口氣把不滿全都傾倒出來，這一關算是過了一大半了。談起妳的壞，不如說這個壞已撐不起你們之間的一點愛了，妳魂飛魄散的停留在這段不堪裡。

　　妳為他負債、為他拿小孩、為他等待，每一個承受都是累計的傷痛與渺茫的希望。妳知道妳在賭什麼，但卻不願意面對極可能失去什麼。當絕望來敲門的時候，妳除了與整個世界同歸於盡，又能怎麼做？既然說出口了，就不要再走後悔的回頭路。這是他欠妳的，雖然也是妳引誘他欠你的，你們都太貪念留在這樣的寂寞裡。除了身體的糾纏和輕鬆的玩樂，你們都懦弱的在安排著未來，他根本沒膽子離婚，妳則是沒膽子離開，同樣毛病的兩個人持續騙著對方也騙著自己。如今一再拖延、沒有兌現的期望爆炸了，這是你們共同努力的下場，一點都沒有意外。

　　還好妳的良知讓你發現了妳的壞，他的妻子看到妳

的信以後，相信也會同情妳，因為妳不僅傷痕累累，還負債累累。

　　能讓你們三人面對現實的結果也不是壞事。逃亡的旅程裡，活著是疲累又恐懼的，妳逃妳的結果，他逃他的軟弱。如今逃亡的妳終於停下腳步，不逃了，這個世界就安穩了，妳就不再壞了。

　　可以的話，再寫一封信給他的妻子，也算是寫給他，告訴他們妳知道自己沒有權力恨什麼，但有義務讓自己獨立、健康起來，希望這個經歷能讓大家變成更好的人。

渴望找前男友

問

　　我和前男友分手也快十年了，我也結婚生子了，我想和他聯絡，這樣好嗎？我老公感情也淡了，但不想離婚。我想和前男友再次有「關係」，想要有很好、很密切的「關係」，但不要是肉體的，這種遊戲我玩不來。

　　不過我不敢讓老公知道我想和前男友聯絡，我也不希望前男友覺得我過得不好或很可憐。

回

　　不可以聯絡。

　　除非妳有不要婚姻的打算才可以，因為妳要的不是肉欲的滿足，要的是談心，而談心是最難控制的，很可能會帶妳往天涯的盡頭飛去。

　　另外，妳不想讓前男友知道妳的婚姻狀況不好，

甚至不知道前男友是不是有另一個她。在不知這個
暗地冒險還有多少對手的情況下，妳以為只是要某
些東西，沒有要負責、沒有要以後、沒有要上床，
但每個「不要」都不是那麼確定不要，不是嗎？
妳沒有說不要一個吻，也沒說不要一滴眼淚，但淡淡
的纏綿背後有萬丈深淵。

　或許妳想要的是溫柔的對話，但哪一段婚姻不是
從這樣的單純開始的？後來又是怎樣貪得無厭的要全
部、要永遠。多少人在婚姻裡和妳有一樣處境，不少
男人選擇偷渡，越來越多女人也蠢蠢欲動，尤其是雙
薪的婚姻，受到制約的條件少了，暴衝的機會就多了。

　妳也漸漸和傳統的男人一樣，即便婚姻裡的感情和
互動是空洞的，即便外遇被拆穿了，仍不想放棄這個
殼。所以就算妳連絡上前男友，心裡的寂寞瘀青也不
見得能被他化散。所以不可以這麼草莽的前進。

　每段愛情、婚姻、感情的關係都是脆弱又空虛的，
因為人人都把對愛的夢想做得太大、太輝煌了，大到
像世紀跨年煙火，一夜燦爛後如何承擔從此以後漫長
的寧靜和黑暗？這才是妳該在十字路口上該想的。要
保留婚姻，不可能沒有代價。

愛情裡的真正對手

——

問

　　我和他在交往前，他就明說有個交往的女友了，我還是陷進去，成為人人口中所說的小三。他從不會隱瞞我跟她的事情（他盡力也試圖讓我們的關係建立於信任上），包括我們在一起沒多久，我就知道那個女生搬進他家一起住！

　　到今年年底我們就邁入五年的時光，這當中相處都很愉快，會吵架也會解決，唯一只有和她的問題，是一直以來沒有辦法解決的。我們曾坦承討論過，他覺得對方沒做錯什麼，也不想當所謂的壞人，甚至也不清楚對她的感覺是不是愛（一直以來都各過各的，家事或經濟也只有我男友在負擔，但他跟我則有長遠的計畫，也想生小孩，在等待我工作穩固，經濟方面也有後盾的時候。

　　我不知道是否中年男子（我們差很多歲，他近五十歲，我近三十歲，而她與他年紀相當）對感覺都這麼的茫然，還是有其他不說出的理由？一方面，我知道

劈腿和分手對女生的衝擊很大（我也曾被劈腿），更
何況她真的沒有做錯什麼，所以我沒有強逼或硬逼著
他做決定（我也不是那種潑辣的性格）。另一方面，
我也相信對方的選擇和判斷，所以困擾我的是未知，
在沒結果以前一切都不實在。

　　我該相信彼此相處的感覺，還是該敲醒自己，別一
味的傻勁？我的黑影始終是因為有另一個她的存在，
未來也要如此嗎？就算沒有她，以後會不會有別人？
甚至我自己會不會變心？

　　現在的我選擇好好專注在學業上，以謀取將來更穩
定的生活和工作，多花心思在愛自己，而不是愛對方
比愛自己多。只是心中那股鬱悶總盤旋不去，他明明
就有另外一個人，我卻選擇性不看，這樣好嗎？他是
我至今的最愛，相處愉快，感情甚至越來越好，分開，
值得嗎？

一

回

　　最愛，比的是妳以前的經驗。妳的手不放開，怎麼
知道不會有更強的愛？更何況，遇到最愛就一定要想
盡一切辦法，永遠留住嗎？

愛情故事有很多種，有的是努力到最後才成功的，有的始終不如願，這些愛情故事有個迷思，就是要得手並永遠保持才算最終的成功，而分手就是失敗。

妳不想失敗，於是更進取，總是把自己放在一個被辜負的角度，只有這樣會讓妳不那麼小三，因為妳很在意自己是小三，當妳不想變成破壞他們關係的那個人，只能無奈的等著他們願意分手。

把自己變成這麼委屈的人，是因為妳有想扶正的心態，這心態意外變成妳繼續留下來的理由。妳只是好強？妳覺得他們很可能快散了？還是妳也不知道妳要他什麼？

妳可曾想過大老婆和小三的差別？有很多妳羨慕的責任，而責任隔一個距離看起來很美。當真正時間都給妳了，沒想到的摩擦就會接連出現。想想他老婆和他相處的初期可能也很甜蜜。

近距離和長時間的考驗比什麼都強大，真正的對手是它們，不是人。

同住的前夫

問

　　我是一個放不下的女人，跟前夫離婚五年了，依然住在他家，當他的家人，我的家人沒人知道我離婚。離婚的原因是他外面有別人，我從手機簡訊、帳單得知。我受不了精神壓力，提出離婚，留在他家是他提的。

　　沒了那張紙，我沒權力管他，彼此氣氛也緩和許多，漸漸回到以前幸福的生活（他跟外面的人斷了）。這五年他對外也稱我是老婆，我稱他是老公。

　　但今年三月底，我發現他的行為怪了，LINE 變多，可以抱著手機一整晚，也很少跟我說話，所以我趁他 LINE 進來時，翻了一下他的手機。他發現手機被動過，就不高興了，從那天起當我是陌生人，不跟我說話，因為他說我踩到他的底線。

　　前幾天我發簡訊給他，稱他老公，他回我：「我不是你老公，都五年了，妳還沒認清嗎？放下我。調整自己的心態。我不值得妳愛，因為我不愛妳。」我說

那我搬出去？他說不用，就是家人，沒了男女感情，也可以是家人般的親情。

可以嗎？我也一直在問自己，我還愛他嗎？我真的認為他外面又有別人了，我無法在家裡看著他跟別人LINE，講神祕電話，或者跟我說他要跟同學出去，卻是跟女人出去。我的心好痛，我留下來是對的嗎？

一

回

妳知道妳為什麼離婚嗎？妳知道為什麼心痛嗎？離婚不是因為第三者，不是因為情變淡，是因為長期的不舒服已到了讓人受不了的地步，不然他不會給妳當家人的機會。

痛苦都是矛盾的價值觀造成的，比如妳覺得自己是老公不忠的受害者，卻又帶著乞憐和指責的態度，反覆想不開。沒有人勉強妳留下來，前夫還深念舊情，讓妳住下來，把妳當作永遠的家人，不是嗎？

但妳仍然沒有接受妳的新身分，還傷痕累累的活在舊身分裡，所以妳愛的不是妳的老公，是愛妳的舊身分多一點，所以才會得到了老婆頭銜還不滿足。妳還是喜歡當正宮時所行使的追殺、猜疑權的快感，已經

僵硬到只能追求那身分應享的權利與義務。

是的，很殘忍，妳對前夫的愛很表面，才會都得到「裡子」了，卻沒有一點喜悅感。外面的小三不管是誰，要得到妳今天的地位和尊榮是不太可能了。這不是卑躬屈膝等待皇上寵幸，這種「大男人、小妻子」的關係是妳追求的。

能不能幸福，不是因為擁有了什麼；享有什麼，不是總在看缺少了什麼，而是滿足了什麼。一個不願承認現實身分的人對周邊的人來說，都是負擔。因為妳總把紅燈當綠燈走，因為妳執意某種配備，因為妳習慣用怨氣去註解其實還蠻幸福的人生。

妳以為前夫永遠沒有小三，妳就會得到妳要的幸福嗎？如果這麼想，就證實妳沒能力理解真實感情的真相。真相是，他比妳重感情，因為他知道妳要什麼，而且也願意打破離婚就搬出去的規則。而妳呢？永遠只擦拭妳的魔鏡，總是悲慘的問自己：「為何他那麼花心？為何我那麼命苦？」

但如此命苦，為何還不能把妳喚醒呢？趕快跟妳前夫説，妳過去是頭暈了，現在只想當最輕鬆的家人。如果可以，妳也學著去交男朋友。

不要再拘泥形式了，任何可以讓你們舒服在一起的實驗都去嘗試，把自己變成容易快樂思考的人。

婚姻失敗，只是因為小三？

——

問

　　我表姐因為老公外遇想不開，做了傻事，做姐妹的我該如何勸她想開呢？（表姐大老公六歲，生有一對雙胞胎，一直都是女生比較強勢，且是家庭收入主要來源。）他老公表示兩邊都不想放手，很氣人。

一

回

　　跟表姐說，妳知道想不開就是想不開，但請她把兩個孩子託付好，有妥善的安排。一來不怕這個外遇的老公把孩子交給小三照料，二來遺產也不用被老公獨享。這是要尋死的一種安置。

　　另外一條路是全面復仇，仗著她老公兩邊都不想放的心態，好好跟老公復合就是對小三最好的攻擊。不要以為老公不願丟下小三是因為感情好，而是小三選擇的策略就是不吵不鬧。

　　表姐的老公對她還有舊情和恩情存在的，可能還有孩子的因素，但絕對不是沒有愛，只是這份愛和許多長期在婚姻裡的夫妻一樣，有好多不願去觸碰的灰塵，有好多不願丟棄又餿掉的記憶，有好多不知怎麼面對的寂寞與擱置許久的溫柔。

　　這些因忙碌、責任過重、無法溝通的種種，可不能簡化成小三出現的原因，這樣是很不公平的，只是很情緒化又老派的反應。難道婚姻的問題就只是小三引起的？沒有小三，一切問題就可以繼續埋在表面的婚姻面具下？是這樣嗎？

　　這是傳統女人遇到老公外遇，千篇一律的想法，反正就是連孩子都不管了，連自己的命都不要了，一定要讓老公活著愧疚，要小三永遠不能如願。會這樣做的女人算什麼好人？是瘋了？還是到最後累了？

　　身為親友的我們，該怎麼辦呢？妳可別跟這位當事人一樣生氣，男主角恐懼放手，可能是怕這個一直喊想不開的女主角失控。所以建議妳跟表姐說，如果想起對孩子的責任，請做明確的決定，就像她要老公做出選擇一樣。要老公、要孩子，請選一樣，否則妳表姐並沒有比她老公有責任感。

放掉對他的期待

—

問

　　為什麼老公背叛我，我還笨到答應他要求，給他一些時間處理對岸的感情？為什麼男人主動提為了小孩要留下，人去了大陸就對我們不聞不問？為什麼女人明知他很爛，想離開又放不下這個人？為什麼過了五個月，我心還在痛？為什麼他背叛我，卻是我去努力讓我們的關係轉好？為什麼我允許讓他一而再的傷害我？為什麼我已經看到之後為情所困的日子，卻選擇相信？為什麼我是一個笨女人？

　　為什麼我還在為了一個沒有回應的簡訊而睡不著？

一

回

　因為妳比他有生命力，所以妳能做很多他做不到的事。他一到大陸就消失了，有可能他的煩惱和複雜不只是感情，還有事業也一團糟。

　過了五個月妳的心還在痛，是因為妳總是好強。而妳想把關係轉好，是在做最後的努力。為何他總一再傷害妳，其實是妳一再以為原諒就能回到從前。這些日子的相信都是為了挽回，妳不是笨，是不相信感情了，才會這麼苦的抓著空洞的關係。

　而妳丈夫也在恐懼，不敢有回應，因為他沒辦法告訴妳，他能斷掉什麼。他現在的處境就是怕失去家庭，又沒能力斷了外遇，到處給了做不到的承諾。

　妳該放掉對這男人的期待，放他一馬吧！一如放了妳自己，你們此刻都需要放下。給妳和他一年時間，這一年雙方都學習獨立，一年後沒改善就逼自己離婚。

　沒有能力又要用力期望的人生，痛苦都是活該的。

把前男友當祕密基地

—

問

　　我已婚，有個五年級的小孩，我和前男友因為在 FB
有很多共同朋友，所以聚餐都會遇到。我跟老公感情
不太好，與公婆相處也有很多壓力。我貿然跑去找了
前男友，他離婚沒小孩，我們開心的度過一夜。

　　他個性被動不會直接找我，都是我自己聯絡他，為
了跟他在一起，我騙他我已經離婚了。我現在不開心
時，還是會衝動想去找前男友，希望重溫以前的回憶，
但是現實中我知道我離不開小孩，經濟也無法獨立。
我很想回歸家庭，但是心裡又放不下前男友……

一

回

　　放不下，就去尋找另一種在一起的方式，也許就是見面的次數再少一點。妳的婚姻也許沒妳想的那麼糟，只是有時候寂寞會來搗亂，讓妳想遁入前男友的懷抱。

　　要不是有婚姻的沉悶和壓力的襯托，妳對前男友也不會這麼有感覺。若妳當時和前男友結婚了，現在也可能難以相處。婚姻本來就是責任、壓力常破表的制度，沒幾個人能真的舒服的擺平。

　　妳想回歸家庭，可見妳沒妳想像的那麼勇敢和衝動。不用混亂，誰不會在長期的疲倦和制式的關係裡渴望一時的意亂情迷？有人透過韓劇來排遣，有人透過祕密的外遇，有人透過宗教或道德，有人透過前男友。妳也許可以想像前男友是妳的祕密基地，是讓妳不對婚姻絕望的眺望燈塔，可以讓妳喘口氣並暫時心安，但那裡不是可以長久逗留的地方，只是個心靈的指引。

　　告訴妳，妳沒那麼孤單，不必和前男友坦白妳的狀況，也不一定要切斷關係，但必須明白要越少接觸他才越具意義，就像急救仙丹是急救用的，不是日常用品。這是老天給妳的關心，莫貪且珍惜。

放不下？還是不甘心？

——

問

　　我二十六歲，沒有任何戀愛經驗，一年前認識了公司同事，三十三歲，已婚，有一個女兒，老婆大他九歲。我們工作上相處的很不錯，進而在 FB 上聊天，就這樣有了感情。半年前他離開公司後，我們開始交往。

　　他說他和老婆結婚七年來爭吵不斷，如果再劇烈爭吵第四次就會離婚（之前第三次大吵時，他曾決定離婚，但因為女兒而妥協）。我問他是否同時想要有我，也想要有他的老婆。他說一切隨緣，皆不強求。

　　我曾覺得痛苦，累了，想要離開他，他也會讓我走（我後來都很無能的再回頭）。我承認一開始只是想要體驗有人愛我的感覺，於是和他在一起，但隨著時間越來越久，我對他的感情當然也就越來越深。因為他的感情不專屬於我，我就會感到痛苦，偶爾就會吵鬧，要求他能陪伴我。每當我心情不好或是想他時，他就會盡他所能的來陪我，即便他工作到凌晨一點多，也會陪我聊到兩、三點，並增加來看我的次數，變成

少量多次（也許一次十五分或三十分鐘）。

他說他愛我，否則無須做得那麼辛苦。他說他想愛我，但卻沒辦法愛我，除非他真的離了婚。也因為他知道對我而言這一切都不公平，所以他不會和我發生關係。我也不願意，因為總是會想到他有老婆這件事情，所以我們最多只到愛撫。

我一直在要不要離開他這件事情上矛盾，有時候覺得他愛我，對我也有感情，我也愛他，所以離不開他。但有時候卻因為不願意再和他老婆分享他的感情，覺得他能給我的實在太少，再下去也只是加深雙方痛苦，所以想離開。想請問老師：1. 他這樣對我算真心嗎？我應該繼續等他到離婚的那天嗎？2. 有什麼方法可以讓我離開他，但又能不感到痛苦？

一

回

「他對我真心嗎？」很多人問這句話的動機都是為了離開，但卻是騙自己。當他聽到答案是真心的，那就會更放不下；若答案是否定的，則會因不甘心而更離不開。

妳問有什麼方法可以離開他，方法很多，只怕妳沒

有執行能力。也許可以反過來問妳，能不能好好面對痛苦？或許能因為好好嘗苦而領悟出另一種味道。

提供一個方法，妳就明白告訴他，如果再接到妳的問候電話，就狠狠掛斷，不然妳很可能會瘋到找他的老婆算帳。這樣做絕對有效，就怕妳沒膽子跟他說。

沒膽子，就表示妳根本不想離開，這時妳的掛念會因為只有掛念而淒美到不行。如果見不到面，哪會再去想他離不離婚？越是難以忍受的寂寞，妳的不顧一切越是清楚。外遇會如此誘人，都是因為在如此貧窮飢餓的時刻，有機會單純吃飽。

會是妳的，不用等。妳是等一個結果？還是等另一個充滿變數的旅程呢？

要等，就不要得失心太重、常常不耐煩，這個心態會讓他越來越不愛妳。

為了結婚而結的婚

問

我從小在爸媽分居的環境下長大，我媽為了小孩沒跟我爸離婚。現在我結婚兩年了，一開始很融洽很幸福，我也很愛我太太，但相處一久，太太對我的大小事開始挑剔。

為了維持我們的婚姻，我生活在她理想中的世界，沒有自己的生活。我當一個愛家、有責任感的好丈夫，加班賺錢，她卻覺得我對家的貢獻只有金錢而已。

漸漸的，我們變得沒什麼話講，好像就是一起生活的兩個個體而已。

前年我遇到一個女生，我愛上她，但同時太太也懷孕了，有小孩後，事情變得複雜了，我沒辦法說走就走。外遇之後，我才發現原來我當初是為了結婚而結婚（年紀到了就結婚）。

這個外遇對象才是我理想中的對象，我們有很多共通點，觀念、想法與興趣都相近，可以說的話好多，相處在一起很自在，但是我知道這樣下去會讓她很難

受，也不想讓她一直當第三者，我不知道現在應該怎麼做比較好？

是不是每對夫妻在婚姻中都會變得平淡，甚至無話可說？就算不愛對方，還必須活在對方理想中的世界，不能有自己的聲音。

為了小孩負起責任、維持這個婚姻是對的嗎？如果我選擇離婚，是不是太自私了？

一

回

其實幾近百分之百的人都是為了結婚而結婚，因為婚姻是人類特別企畫的項目，不是人性天生愛上一個人之後就會結婚，而是社會期待下的制度讓你不得不考慮結婚。

這個婚姻首重條件，所以才有相親、指腹為婚、政治或商業聯姻，這樣而結婚的人沒有愛也沒有關係。

別以為身在尊重人權的時代就有選擇權，大多數人的考慮都跟著主流價值走，明明你喜歡那個音樂人，但最後還是選擇了有固定豐厚收入卻很大男人的醫生。為何會這麼選擇？因為條件能保障生活，感情卻很難長久如初。

　　你這樣的例子已是現今婚姻的大宗，有些人在孩子都大了才遇到真愛，有些人則寧願擺爛著，有些人天天爭吵，有些人則時壞時好。人人都懷著不一樣的委屈在這制度裡苟活，孩子都看在眼裡，這對他們是最壞的感情互動示範。

　　要不要離婚跟自不自私沒有關係，那都是人在氣憤裡發洩，所能找到的怪罪原因。真正的責任是看你決定後的態度，如果你選擇不離婚，卻繼續與那位女生偷偷在一起，這樣的不自私又算是什麼愛呢？如果你選擇離婚，事後加倍的關愛前妻與孩子，那是為三方都找到了乾淨的溫暖。

　　你說你很辛苦的在當一個愛家、有責任感的好丈夫，想想你的妻子何嘗不是？討論這個問題需要一個不怕被罵的人，勇敢把癥結亮出來。衝擊一定是有的，但你要有足夠的承擔和體諒，想像這是妻子脫殼的痛苦過程，想像這是你重新選擇該面對的代價，想像孩子可能有的無助。

　　離婚，只是要脫下不必要的感情外包裝，看看沒有了保護傘，你們能不能自信的獨立起來。離婚不是末日，是覺醒日。

　　要離婚就早一點，對妻子也好；不離婚請認命一點，放過那個女生。

瘋狂追蹤第三者

一

問

我是個大二的學生，跟男朋友不同校，交往了一年多，一直幸福甜蜜，大家都很羨慕，但是幾個月前我發現了男友和同校學姐的曖昧訊息，一問之下知道了他在我不在時和她見面吃飯、陪她喝酒，甚至帶她回家，而這女生也知道他有女友，但她告訴我她很愛我男友。

我男友當下道歉，並發誓跟她斷乾淨，他狠心對那個女生說跟她不過玩玩，真正愛的是我，哭了、跪了、挽回了，對我比以前更好。可是我不知到中了什麼毒，老是看那個女生的 FB，嚴重時一天看十多次，想看看有沒有些蛛絲馬跡。我對男友也老是猜忌懷疑，表面上還是幸福，但我心裡一直不斷問自己：「這樣好嗎？」甚至復合後不敢跟朋友說。

我想問，偷吃後誠心悔改的另一半，還能原諒嗎？還有我到底怎麼了？為什麼忍不住一直看那女生的 FB呢？

一

回

感情裡的原諒很可笑的,不僅讓妳從情人瞬間變身成法官,還讓妳時時刻刻猜疑他,因為傳統的觀念總會提醒妳,男人偷吃是種習慣。如果大多數女人的原諒也是累犯,就表示這個原諒是退而求其次的招數,不是真原諒。真的原諒後是不會要他的,原諒的意義是為了不懷怨氣的放下他,而不是矯情又疑心的再次緊緊掌握他,不如想想不原諒卻能走下去的方法。

首先妳要記住,他挽回妳的方式越激烈,越要小心,比如哭、比如下跪、比如說他只是玩玩的,這些都是他的腦海裡最輕易就拿出的點子,那都是傳聞中對女人最有效的方法,所以不是真心的,顯示他只是一個為了挽回而毫無骨氣的老派男人。

妳的問題在於無論他多爛妳都會捨不得放下,光是這個弱點,妳談論他的任何惡行就都沒有立場,你們很可能是半斤八兩的幼稚情侶,一個管不住自己的欲望又偏偏要發誓忠貞,一個則根本沒有標準的依賴卻又感覺受害。第三者才是真的無辜者,因為你們兩個沒有比她更理性或更有道理。

會去看男友劈腿對象的 FB,是因為妳根本沒有原

諒，也不相信男友。妳骨子裡覺得男人不可能乖乖的，但又期待男人這麼做。這個落差是妳難受的原因，她只是被妳拿來發洩的唯一途徑。

　　妳看她的 FB，只是在看妳腦袋的胡思亂想，不是看她，她只是妳心魔的一個化身罷了。

找回愛情

—

問

三十多年的婚姻，愛情已變為親情，我原本視為理所當然。但是，有一天，我發現了他有了第三者，更難以釋懷的是，他不是只有生理的需求，還有愛戀，這讓我挫折無比。在年華老去之際，在以為能好好享受兒孫之樂的時候，這樣的發現讓我驚覺超乎想像的不甘願、在我全心全意為家庭付出多年之後，時光無法倒流。

他把三年多的時光給了別人，我努力挽回，調適過一個人生活，但是自己的不堅持，他的不同意，我無法脫離婚姻，雖然我們只在假日扮演父母和祖父母的角色。

就在我下定決心放下的時候，他中風了，現在我又擁有了他，卻只是軀體而已。理智的我要照顧他，感性的我卻無法釋釋懷，交互的矛盾讓自己臨界崩潰，該如何是好？

一

回

　　妳失去的不是他，是失去愛的方向。也許這三十年的平穩的婚姻，讓妳漸漸遠離了愛。這很公道，這些年，妳把絕大部分的時間和心力都用在家與孩子身上。一分耕耘真的就只能一分收穫，尤其是愛情的消失，絕對不是轉為親情這麼美化、這麼簡單。

　　妳傲慢的以為只要把家顧好、把孩子顧好，婚姻就能顧好，而且沒有愛情也沒關係，只要有親情，只要沒被掠奪。所以當妳的老公有了外遇後，不甘願是妳最大的情緒反應，這代表妳覺得自己是百分百受委屈的。

　　妳覺得妳沒有做錯什麼，一切都是不知珍惜又背叛的老公的錯，妳除了記得這些帳，並沒有愛的思考與態度。

　　妳把挽回想成是最後的手段，呈現的都是不愛了之後的計較與吃驚。這是很多良家婦女堅信的態度，因為妳們要的都是形式上的愛情和實質掌控的家與婚姻。所謂形式就是沒有實質的愛情也沒有關係，所謂實質掌控是把家與婚姻緊緊的抓著，這兩者聯手起來的結果就會很虛、很習慣、很不安。

　　妳不在乎的愛情被取代了，很難理解嗎？這樣無情批判妳不是要害妳，妳這種責任重於感受的個性，使妳最終還是照顧了中風的老公，為了不讓妳不甘心的照顧他，就得公道的承認，在這個妳放不掉的婚姻裡，妳有很多做錯的地方。

　　能反省就能找回愛的寬容。有機會再次照顧不能再行動自如的老公是難得的機會，妳是如此幸運，才能在孩子都大了以後擁有失而復得的老公。

　　親情才是責任，愛情絕對是野生。這次請妳脫下妻子的面具，告訴老公：妳要重新追求他。

勇敢說出最赤裸的想法

——

問

　　我已離婚，有小孩，歸前夫帶。我在上班的地點遇到一個人，未婚，年紀比我小，聯絡兩年多之後，我打開心房接受了他。

　　他一開始一直強調不婚主義，在一起一年左右，他想結婚了，他問我，如果他有了結婚對象，我會不會祝福他？（想當然耳，我不是他的結婚對象）但他強調目前沒有對象，可是我從蛛絲馬跡感覺出他有新對象了。

　　我要如何跟他說不要再費心編織藉口安撫我？其實我也謝謝他尊重我還是他女朋友。雖然，我真的也捨不得他，但每聽一次藉口，我的心就多傷一次。

　　我想保留他在我心中最完美、最甜蜜的情人形象。我該怎麼做好呢？

一

回

　雖然妳離過婚了，雖然這次花了兩年的時間仔細觀察，雖然很怕再度期待落空，但只是隱藏式的擔憂，並沒有新招。

　他一開始說的不婚，和妳接受他這個說法，都一樣是煙幕彈。也許他和妳一樣，和很多人一樣，對這煙幕後的世界非常不放心。不放心愛情能永恆，所以拿不婚主義當擋箭牌；不放心對方的忠貞，所以假裝自己無所謂，甚至騙自己只想保留最完美、最甜蜜的情人形象。這個不放心現在正在迅速變種，他費心編織藉口，不就是妳可以下臺的紅地毯嗎？讓妳可以優雅的轉身，可以幸福的 say goodbye。

　妳捨不得的是他和別人結婚，妳說不出口是因為妳恐懼會不會結了又離，另一方面是妳感到自卑，怕有孩子的身分會被對方拒絕。

　妳每一次傷到的原因，都不是他說出的藉口，是妳用自卑又自傲的矛盾觀點解讀的下場，都是捨不得造成的傷心，不是他造成的。

　想要怎麼做才好呢？火速去買一套全新的衣服，並訂一家氣氛好的餐廳，一對一約會，然後用最單純的

熱情向他求婚，告訴他心裡最赤裸的想法，包括妳的恐懼、妳的渴望、妳對他的感受。

　　如果他拒絕了，你們就訂一個分手日，在此之前好好走完最後的溫馨時刻，絕對能如妳願的保有雙方美好的情人記憶。

　　如果他接受了，妳就要戒掉猜疑的習慣，那些蛛絲馬跡的狗仔行徑可是比任何競爭者還可怕。幸福不是靠別人給或因為沒人來搶，而是沒有獨占的心魔，以及真心的回應。

愛情沒有措手不及

——

問

　　去年我跟一個小我十二歲的男生交往，我天蠍、他天秤。我們好像認識很久一樣，無話不談。他在我面前也是很做自己（平常他在外都比較ㄍㄧㄥ，天秤有偶像包袱），但交往半年後他說我們比較適合當朋友，因為我們沒有未來（年紀的差異）。

　　分手後我們還是會互相聯絡，感情也是跟沒分手一樣，但這二個月他有了一個曖昧對象，是他的同事，女生很主動邀約他去家裡，互動頻繁。他也會跟我說他和她的一些事。他們有爭執時，他跟我就比較常互動；他們好的話，他對我發的 LINE 就愛回不回。

　　最近有點想去認識那個女生，想知道她對他是不是認真的，因為聽其他人說她有點不 OK，所以想幫他過濾一下。我感覺自己有點瘋狂，也承認對他還是放不下，交往半年感情還是在熱戀期就結束，讓我措手不及。老師，我應該怎麼做才能完全放下？

一
回

放不下，是放不下對他的依戀，但這依戀卻讓妳想扮演幫他過濾女友的角色，讓妳以為他看不出妳做的這些事都有隱藏的私人目的。

天蠍座的妳習慣活在浪漫幻想裡，但天秤座的他卻早就發現到妳快放不下了，放不下的人，特徵就是會小心翼翼，就是會細膩、再細膩，就是會多事，而天秤座的人最受不了這些壓力。他在熱戀時，已讀不回很正常啊！是妳以為他還是以後會再找回來的情人。

愛情其實沒有措手不及這件事，妳想準備什麼呢？真給妳時間準備，妳會放手嗎？時間過去那麼久了，妳還是沒放啊。

應該怎麼做才能放手呢？或許問題可以改成：妳知道現在做的任何蠢事，他都看在眼裡嗎？

不要讓他看不起妳，否則過去的甜蜜都會變成恐怖片的情節。

忠貞最重要？

———

問

　　我跟先生的問題存在很多年了，這些年當然有爭執，甚至提議離婚，但他自始至終從不承認他跟對方有曖昧關係，可是只要對方有任何事找他，他一定想辦法幫忙，甚至借貸金錢。

　　我告訴我先生，只要他們還繼續聯絡，那我就決定在孩子獨立自主前，跟他維持有名無實的關係。即使如此，他還是依然聯絡，更主動關心對方的家人。我雖無法忍受他對我的傷害，卻也不得不承認自己現在無法獨自撫養兩個青少年，想請您對我現在的決定和作法給些意見，謝謝。

一

回

　　算一算他對妳的傷害有哪些，也許妳會發現這個傷害並沒妳想的那麼大，甚至一點都沒影響妳原來的生

活。能先把現實釐清，可避免驚慌失措的胡思亂想，也許這個傷害是嫉妒和損失的成分最大，妳不爽他坦白後大剌剌的外遇，妳不爽他對她的關心，妳也許也不爽他給她的金援。

妳的情緒隨著猜疑大火點著了你們婚姻的叢林，既然妳打算留下，那就有自信的留下，不要怨，請轉念，原則是要公道和公平。

外遇屬實，就把孩子當做是妳的生活重心，往後把老公當室友，他想跟妳示好，請他用追女仔的方式邀約妳。

忠貞是妳結婚最重要的理由嗎？其他的價值都不如忠貞嗎？婚姻被統一化才病態，這是個該為自己的婚姻量身訂作的時代。你們可以在此後十年變成室友，十年後再轉為原先關係。因為妳並不想放棄不是嗎？那就做一個能調整的人。

我是第四者

問

　　曾經的我，感情容不下第三者，現在的我卻是感情中的第四者，很可笑吧！我的他有一個美滿的家庭，原本我們只是談得來的好朋友，他卻不知不覺走進來了，一切是那麼無預警。

　　有時候內心很掙扎，對於他的另外兩個伴，心裡總有著深深的歉意，因為我知道她們都是好女人，實在不忍心傷害，所以謹守自己的分寸，從來不要求男友為我做任何改變。

　　他對我很照顧，是一個體貼聰明的男人，對家庭很有責任感，唯獨對感情這件事處理得不好。我幾次萌生離開他的念頭，最近越來越頻繁，畢竟這樣的關係不正常。但我們在一起已經一年了，感情真的很好，請問我該如何看待這段感情呢？

一

回

　　感情到最後往往不是為了感情，而是習慣，這種習慣是最可怕的，讓妳不敢面對沒有他的未來，讓妳以為委屈可以求全，其實只是充滿恐懼的算計。如此在一起一年，能有什麼收穫呢？像個老擔心警察來取締的違法路邊攤販。

　　這不是困難的關係，是個鞋子裡老是有石子的關係，給自己一段時限好好享受，時間一到，再怎麼難受，都請準時收假。

老公的紅顏知己

問

　　我跟男友在一起十幾年了，去年結婚。我們無話不聊，但個性上有些互補，他感性、我理性。他常告訴我一些情緒，我能理解但難排解，甚至造成他有一些憂鬱症的狀況出現。

　　後來他找到一個跟他一樣感性的女性朋友，聊聊後心情好了許多。他誠實告訴我還是愛我的，只是我無法給他某些東西。他也答應跟她只當朋友，就聊聊天，我還是在他心中占有最重要的位子。

　　我心裡雖然酸酸的，但又樂見他因為這樣而心情好了起來。也許彼此有一些自己的空間，這樣婚姻才會健康一些。

　　我該如何看待這樣的情況呢？我該阻止嗎？或者我該如何健康的面對？

一

回

　　阻止，看似必要，因為談心的下一步很可能就是談
情；但阻止一出，伴隨而來的卻是你們之間的不信任，
他會明白妳寧願他憂鬱症，也不願冒險放他出去。

　　或許妳有第三種選擇，可是妳還沒想到，有沒有發
現妳進退都是因為恐懼？恐懼妳給不了他幸福、恐懼
他被別人給釣走……紅顏知己只是個假議題，是妳禁
不禁得起考驗的假想敵，但假想是個心魔，到最後妳
可能會告訴自己，他會不會不只有一個紅粉知己？

　　不如告訴他妳的擔心，也告訴他妳將面對這個擔心，
因為不想因害怕而縮小彼此的世界。妳要健康的愛，
猜疑多了，不如不愛。

人生一二三

只要不索求，愛情都是可愛又輕盈的。

用愛建立身分

一

問

　　我是女生，今年已屆適婚年齡三十五歲，曾經跟男生交往過，發現其實喜歡的是女生，從十六歲到三十歲，都跟女生交往。隨著家人一再逼婚，我開始覺得痛苦，

　　因為我不愛男生，想跟隨自己的心意，繼續愛女生。

　　但是我發現我沒有能力去愛女生，因為我無法控制情緒。跟女生交往時，我扮演男生的角色，但卻無法做到男人的理智。我對愛非常沒有安全感，容易猜忌、吃醋，這都間接影響另一半的情緒及彼此的感情，往往讓感情告吹。

　　我不管從前跟男生交往，或跟女生交往，從來沒受到對方給的任何傷害，不曉得為什麼情緒會這麼不穩定？請問，我該怎麼在愛情裡學會成熟、理智和包容。該怎麼管控自己的情緒起伏呢？我是不是該去看精神科呢？

一

回

　情緒不穩定也許跟妳喜歡轟轟烈烈的感情有關，靈魂衝撞後的傷痕累累、追求極致的萬般刁難，是一種刺激的狀態。妳想變得成熟、理智，就得放掉習慣性的控制欲；妳想要包容對方，就不能高高在上的審視；妳想比男人更男人，這可能會讓妳找不到自信，因為畢竟是模仿，而不是真品。

　不要被情緒倒過來掌控妳，妳可以重新定位自己，不要再用男女來區分人的性別，那只是性器官的簡單分類。妳可以說自己愛的是人，用愛建立身分。無法對家人出櫃，是清靜。至於要不要看精神病，不如多看看相關類型的電影，看看這世界和妳同類的人怎麼奮鬥。

　妳可以不隨家人的逼迫而結婚，代表妳很有勇氣也很仁慈，不因自己的懦弱拖累他人。剩下的，還是要在妳擦擦撞撞的愛裡體會。不要以為被社會認同的異性戀愛情有多安穩，那種配合大眾期待的關係，不見得比妳們的地下世界來得自由自在。

許不許永恆的承諾

—

問

想請問，當初是抱持什麼樣的心情或期待走入婚姻？又如何定義自己在婚姻關係中的角色呢？

當人走入婚姻、建立家庭、有了孩子，就算夫妻之間不談永恆承諾，但又該如何對孩子交代？總不能也對孩子這樣解釋吧？

—

回

當初想都不想就結婚了，大概是因為那是必經之路，也沒見過其他的範本。對愛情、婚姻的承諾，我不信，是因為失敗率已大到不值得信。難道你不許承諾就覺得沒安全感嗎？如果你認為那些承諾可以解決你最害怕的事（比如外遇）。

於是要他給你承諾，但這樣就阻止得了嗎？

把不承諾解讀成不想負責，這樣的推論何等危險！

在孩子面前不談永恆的承諾是要讓孩子知道真相：維持永恆的承諾要靠能力和運氣，不是靠一個口號和期盼。

所以不談不是不期盼，是不要一開始就給自己沒有退路的承諾，但你卻認為說出真相會打擊孩子，於是要再補償孩子一些交代。如果對孩子不能誠實，你的交代很可能在往後造成嚴重傷害。你寧願給他一個虛假的榜樣，也不忍心告訴他：如果真的沒能力撐住婚姻，要懂得求援或放下？

只有一種態度才可能扮演好所有角色，就是將心比心。高高在上會讓人覺得不舒服，擔心害怕，小心最後變成魔。以愛之名的惡行將越來越難行，假面的親情會被後代唾棄，角色的分量太重就不健康。在與人長期生活的環境裡，懂得讓每個家人放鬆才是你該重視的。

做得到這點，在一起才值得。

性與愛分開

一

問

　　人都有不喜歡的東西、無法接受的事情或者底線，我知道老師希望我們認清現實，然後獨立，這樣才是一個有能力談愛的人，即使有一天要結束一段感情，才有本事離開。但我無法理解有些人可以單純享受性，把性與愛給區隔開來，當作兩回事。

　　我沒辦法想像，他們用跟你在床上恩愛時的表情去面對其他人。老師回覆裡很少犀利的評論對或錯，但另一半在外頭偷吃或者外遇，真的沒錯，是正常的嗎？

　　想要穩穩的幸福真的遙不可及？是超現實的妄想？我真不覺得無法接受這種事情有什麼不對，非常困惑。

一

回

　當事實擺在你眼前，你卻用無法理解又沒有辦法接受的態度去面對，就等同把自己的頭塞進土裡，變成了鴕鳥。由於你預設了一個堅硬的立場，又把對方的心態扭曲解讀成你猜想的那樣，所以就更確認自己是個百分百的受害者。

　當你問：「外遇或偷吃是正常嗎？」我不會用正不正常來判定，這是很情緒化的指控，不如說偷吃和外遇是很可能的事。當有更大的誘惑或他沒那麼愛你的時候就可能發生。這個狀況就是在告訴你，愛是起起伏伏的，不會永遠都保持同一種熱度。

　你就是沒辦法理性看待感情，總在第一時間就很氣憤又惶恐的要判別對與錯，才會連這麼簡單的真相都沒法消化。

　另外你問性和愛可以分開嗎？是的，你又來了，又用二分法在看你的愛情和戀人。性裡面不會都沒有愛，就像愛裡面多少會有一點性，只是多與少的區分。你的問題是因為急著想怪他而有的黑白分際，這是解讀自己難受的特效藥。你知道這個問題深入下去，得到的答可能是對方說：「我沒那麼愛你了，尤其你已這

樣看我了。」

　　愛跟性本來就是該分開的，是你以為愛跟性綁在一起才不會吃虧，才是大家認可的那種幸福。那些不想跟老公做愛的妻子不也長期配合著嗎？性愛分開，不表示不重視愛，硬要綁在一起，到最後就會作假。

　　當愛還在的時候，我不一定想做愛，這樣的可能不存在嗎？還是純做愛，就沒有愛呢？其實能到純的境界，離愛就不遠了，因為單純會引來好感。你追求的是處女情結，也就是獨占的欲望，並不是愛。

　　真要是單純的愛，你只會生出勇氣去把愛的人追到手，不會浪費時間去質疑、去煩心，走不開也放不下。

不要尋常的愛情

──

問

　　我是愛女生的女生。隨著年紀增長，我發現自己的心越來越狹窄，或許與家庭有關，我的占有欲一直都很強，儘管另一半沒有做出什麼對不起我的事，我還是害怕失去、沒有安全感！

　　往後因為即將就業的關係，和另一半相處時間會變得很少，甚至遠距離戀愛，我很清楚愛她就該讓她去追尋夢想，但心裡老是拉扯，想到以後或許會很難見面，就會幼稚的批評她想從事的工作，甚至說出自己都很討厭的情緒性話語！

　　除此之外，若出現對我們感情有威脅的異性（老實說幾乎所有異性我都在意），我的話就會帶攻擊性字眼（是攻擊異性，而不是我的另一半），甚至還是很極端、偏激的話！告訴自己要放寬心，可是心裡還是很難熬，所以都會和另一半耍脾氣！

　　我想要有個健康、開闊的心，我真的非常愛她，希望能變成更好的自己，這樣對我們的感情都好。

一

回

如果我跟妳說「越讓你沒安全感的人，越是碰不得」，妳能做到不碰嗎？因為會讓妳產生劇烈的暴衝情緒，都是很危險的，像流彈亂射，可能傷到別人也傷到自己。

或者，妳不是沒有安全感，而是喜歡獨占後的不放心，那種磨人心的刺激，那種灰色英雄的命運，那種亡命天涯的深情，那種眼中容不下一顆沙粒，那種灰暗、閃電、霓虹、淚光交錯的絕色人生？

這樣的愛情不是平凡的小日子，所以一有異性出現就會惹毛妳，要分開就感到不安。這都不是愛對方，而是喜歡這麼凌虐、霸道的君王主宰方式。主宰不了，會好強的在所不惜；主宰了，很可能又會暗自找另一個刺激，因為太乖的奴隸激不起妳上天堂的欲望，只有難纏的對手能讓妳上天堂。

隨著年紀增長，妳的心越來越窄，這是因為妳總是用耍帥來吸引對方，由於妳要的愛情都非比尋常，自然就不覺得生活平淡有什麼趣味，就會感到年老是可怕的敵人，然後越來越沒有自信。

從信中感到妳的修養很好，知道妳想克制很難克制

的靈魂。妳是比傳統大男人還要大男人的人，即使明知那些習慣不好。但現在的女性可做不來傳統的女性，妳應該修改對愛情的定位：只能享有愛情，不能擁有人。

　　請參透，不然，請照做。

有可能這麼快愛一個人嗎？

——

問

　　我認識一位經商的男人，年齡三十七歲，曾經有過一次婚姻。剛開始聊天時，他會因為曾離婚而自卑，不敢暢談，但我不介意，時常鼓勵他更有自信，打開心胸去和更多朋友交往。

　　我們因為這樣而日久生情，他提出交往要求，但我認識不到一個月、見面不過兩次，大部分是在 LINE 上聊天。真的有可能因為這樣愛上一個人嗎？他離婚距離認識我大約兩個月，剛結束四年婚姻可以這麼快再接受下一段戀情？要用什麼邏輯解釋？

一

回

　愛情來的時候，誰都說不準，所以他在離婚兩個月後遇見妳，不是他安排的，不用緊張兮兮要個邏輯。既然日久生情，就表示妳已愛上他了，只是妳現在想用老標準來慎重看待——好像進展太快就不是愛，只是在線上聊天太虛幻。

　但怎樣才不算太快？難道面對面交談就能透視他的一切？其實是妳怕這個人要是不對怎麼辦？怕這段情不是自己想像的怎麼辦？這是妳對愛情的恐懼，既想牢牢抓住，又怕只是抓到表面，想放鬆的戀愛卻老是不能放心。妳的邏輯怎麼會慎重到如此僵硬，必須依賴某種標準？

　如果可以的話，這一次就以不交往的前提試看看，甚至告訴對方只談半年戀情，就單純跟著愛情走就好。不同居也不一定回 LINE。其實只要不索求，愛情都是可愛又輕盈的。放下那些過時的標準，才不會以為愛情可以完全如妳所願。

　愛情是天地間的一朵雲啊！妳不跟著飛，就只好跟著抱怨，跟著累。

孤單是好事

一

問

　　我十六歲，出生沒幾個月父母就離婚，跟父親住，從小就感受不到父母的愛，自從國中畢業後半工半讀，生活開銷還有學雜費都是自己負責，出來工作之後學到了很多，有時也會感到壓力和委屈，但我從不說出口，也不會跟好朋友訴說，因為我覺得我還承受得了。

　　心情不好時我會去爬爬山，發洩一下，有幾次覺得自己快忍不住時，猜想自己會不會得了憂鬱症？但又想一想，我沒有依靠，所以必須堅強，還有什麼辦法啊？

一

回

　有父母的愛，不見得一定是好事，大多數父母對孩子的愛，很少知道分寸在哪裡。不是過度而養成「不介入會死」的習慣，就是過度忙碌及經濟能力不足而選擇逃避。你渴望的父母之愛是屬於比較理性、懂得尊重，負得起責任那種

　你雖然沒有父母的關心，但也不必承受父母丟過來的債務和負面糾纏，算是中上籤了。你在很小的時候就學會了獨立，對父母的渴望就和單身的人對婚姻的渴望一樣，都是此山看彼山，一個遙遠又不實際的夢想。你想過你的父母是時時刻刻都要盯著你去哪裡的那種嗎？你想過你的父母會暴力對待你，又逼你深夜去賣花賺錢嗎？還是被完美照料，卻不許你選擇喜歡的科系的那種呢？

　每個人都有獨一無二的人生，沒有誰的才是誰最好的人生配備。家人是一種心情關係，不是表面的血緣關係。沒看過家人反目成仇或到死不相往來嗎？這是難度很高的人際關係，很容易偏心和自私，很容易逃避和掌控。

　對於沒有給你太多負擔的父母來說，讓無能為力的

他們跟你保持一點距離是幸福的。家人的溫暖可以由其他人取代，但家人的負面糾纏卻不是說放就能放掉。

所以你能靠爬山紓解壓力，能完全做你自己，否則被親情綁住的人生，可不是想去爬山就能去爬山的。

其實你這樣的人生恰巧是未來教育最鼓勵的人生，父母不過度介入孩子的成長，歐美就很重視從小讓孩子養成獨立面對人生的教育。把孩子丟給良莠不齊的父母是很大的風險，不如交給更好的制度和國家社福機構。

一個人在世上成長難免孤單，但孤單是好事，讓你珍惜人與人互動時的溫暖。

我需要性，丈夫卻不需要

——

問

　　我跟我先生在一起六年多了，其實沒太大的問題，唯獨性生活，我們真沒辦法配合，因他真的不喜歡。

　　我在臉書找到至少二十年前，曾經有過一次美好經驗的朋友，在一次碰面下，我享受到什麼叫美好的性愛，讓我深陷不能自拔（之後每次見面就做愛）。他也有婚姻、小孩，我不知道他的想法是否和我一樣，純粹只享受性愛。因他老是跟我說他跟他太太不行，嫌棄她太胖，跟我才舒服。但這幾天，他說他太太發現他傳訊息給我，手機被沒收，只能等事情過後才能跟我聯絡。我真不知道，這樣下去有什麼意義？

一

回

　　也許他太太仍不知情，是他突然覺得要切斷這不會有結果的關係，其實妳的感情已發展到不想只是有性

愛的階段，不然不會特別注意他跟太太性事不佳。只想享受性愛的人聽到床伴說這話，一定會擔心對方是不是不只想要性愛，或是在感性發言。

婚姻裡沒有性的夫妻多的是，但不表示他們狀況很差，反而有很多性事頻繁的年輕夫妻，一天到晚吵鬧。

性可不是婚姻的義務，婚姻夠放鬆才可能有性生活，沒有也不是罪惡，想有不一定要偷偷摸摸。妳可以跟妳老公說：「你不想做那件事，我相信不是因為我，很大一部分是因為婚姻。沒有分開就沒有期待，沒有期待就沒有需要，我可以體諒你，你能體諒我嗎？我有需要，但我不想亂搞，我們好好聊聊。」

如果他很傳統的話，可能完全不能接受老婆談論此事。也許他理解了，並允許妳有自己的性伴侶，但要保密；也許他覺得女性一旦用感情都很危險，所以不允許也不是自私，是要保護妳。

性真的是一場夢，總有醒來的時候，而婚姻就是醒來的世界。夢貴在短暫、不食人間煙火，婚姻貴在創造能尋夢的安定環境。妳都有了，就不該貪心，用知足的心去感謝雙方聯手拼出的完美。不要怨，否則你的獲得會瞬間變成失去。

很愛很愛才是對的人？

———

問

　　分手了半年，對方刪除我的臉書和 LINE，我永遠都無法得知他的消息了。每當我想到永遠無法與這個曾經喜歡過的人聯絡，心裡還是充滿惆悵。如果沒有看老師的文章和臉書，我想我現在會更痛苦，可能會繼續緊抓著對方，讓彼此更痛苦，而不是只有我。

　　謝謝你，讓我明白我該什麼時候離開對方，而且是漂亮的離開，即使我還是喜歡他。

　　雖然我還是不太懂愛情是怎麼一回事，但我現在知道怎麼替自己設停損點，我相信分開絕對不是壞事，或許是更美好的開始也說不定。

　　每天看你的文章，覺得自己每天好像都有些變化，有一天我朋友問我想跟什麼樣的人結婚，我居然說了一個自己也嚇到的答案：「即使對方外遇了，我也能欣然接受，這樣的人我才願意結婚。」對於這樣的自己，到底是害怕受傷，還是我已經認清沒有天長地久這回事呢？

一

回

分手是很危險的一堂課，一如關鍵戰役拚搏的拳賽，如果沒有停損點，如果彼此都互不相讓，如果都往想不開的方向去，這分手就不會只是分手，很可能是你死我活。

人在分手時想的都不是分手。就算有一方想分開，另一方卻可能因為不甘心，而遲遲不放手。大家都看不出這已經是怎麼努力都會賠錢的關係嗎？愛情裡的收穫絕對不是去爭取來的，若沒有心甘情願，所有的掌控只是自欺欺人。

能在第一時間鬆綁的人，失去最少，當對方停止和你對抗，就等於停止了心力的消耗。如果連這樣保護自己的智慧都沒有，又怎麼有能力擁有什麼？

分手當然不是什麼壞事，只是恢復到比較理性又單純的生活，在一起反而比較容易有壞事，當你自信滿滿、全面期待、全面索求……

你說：「即使對方外遇了，我也能欣然接受，這樣的人我才願意結婚。」這話乍聽之下很詭異，但卻是最溫柔的保護，即使面對最不想接受的狀況，也能保護對方。要不被這狀況傷到的方法就是：不再堅持做

那樣完美的夢，你願意用更彈性的態度去調整你對他的接受。

這個調整就是你的保命符，調整他在你心中的樣子，不是你設定的那種完美形象，而你也不是那種瞎挺的情人。不要以為很愛很愛的人才是理想的、對的人，那種心態正好是會害死人的一條路，會越行越黑、越黑越鑽。

所謂欣然接受是指有能力體諒、或有能力分手，其實分手的時候容易看出這個人在愛裡的真面目，如何放下心裡的不捨，如何理解對方的難受，如何明白不甘心所帶來的冤親債主，如何給自己、給對方新的一章，這一堂課不是要教你去擁有愛，而是透過放手去感受愛。

不要改變別人原有的人生

——

問

　　我是一位快邁入三十的女人，愛上了一個整天都在玩線上遊戲的男人。在愛情裡，我是一個任性的女人，處處都要求他順著我的意來做事，實在受不了自己的另一半下班回家就開始打遊戲到凌晨四點多。有時候，我會很好奇是不是在線上遊戲的另一端有一個跟他很合得來女性網友，所以才會這麼流連忘返、捨不得上床睡覺（有時候我會偷看他的 LINE，真的有女網友聊天的紀錄）。

　　有天我們鬧翻了，我歇斯底里的摔他的電腦螢幕，狠狠踹他的主機，事後他忍無可忍的傳 LINE 給我，要求分手，他無法接受處處懷疑他的女友。最後我很卑微的求他不要分手，因為還是很愛他，

　　他勉為其難的復合，但是還是一樣玩線上遊戲玩到凌晨三、四點，我真的不知道該怎麼辦，因為復合的條件就是我不能再限制他玩遊戲，儘管很不喜歡，但是還是逼自己接受，這樣對嗎？

一

回

　妳若不能只愛他的局部，妳就只會痛苦。他明明只有部分讓妳愛，妳卻連不愛的也要，所以都在為不愛的部分痛苦，最後連享有妳愛的都要用乞求的，因為有他不行。

　妳有能力放棄他嗎？　有能力的話，就學習愛不打電玩的那時的他吧！不要去改變別人原有的人生，尤其是在妳愛他、他也愛妳的時候，那都是貪婪的願望，一旦不實現就會十分難受，並忘了原本只是想輕輕的愛他而已。

被誤會愛上一個人

——

問

　　我朋友有個很要好的男同事（已婚有老婆，但彼此感情不是很好），她與他會互開玩笑（妳是我的小三之類）。就這樣四五年過去，直到最近，女方發現男方的態度變了，知道女生即將要出國遊學，男方很錯愕難過，把自己關起來喝酒，還把老婆趕回娘家，說對我朋友很失望，還說都是她害他。

　　男方是公司主管，還因此想遞辭呈，我朋友現在覺得不知怎麼面對男方。

　　第一，她對他始終只有朋友的感覺，也曾說兩人之間不可能（但曾說過可能讓男方誤會的話，但她認為只是玩笑）。

　　第二，她不想因為她的緣故，讓男方與老婆的關係更差，甚至離婚，她會很有罪惡感。

　　第三，目前在公司還是會交談，但是就沒以前自在。

　　第四，她有很多顧慮，因為那是她親戚的公司，不想因為這樣而讓公司失去一個人才。

　　她最快明年三月出國，出國是不是可讓一切沉澱？我是勸她講清楚，但她怕講太白會傷了男方。不知道老師有什麼看法呢？

一

回

　　想解決問題，都不管自己能力是否足夠，什麼都不放過，這樣的貪心什麼都沒辦法解決，甚至搞砸。

　　請妳朋友向男方慎重的道歉，關於讓對方誤會的話。若做不到這點，妳就不要管妳的朋友，因為她沒有誠意要面對。

　　怕傷了對方而不敢說，妳說她哪有能力做什麼？

　　怕，就是無能，就是逃避，就是持續在凌遲對方。不想破壞友誼、不想失去公司的一個主管、不想跟對方說清楚，她還真讓人誤會是愛上他呢！

愛癮

一

問

　　男人說沒心了就沒辦法再繼續在一起了嗎？只因為過去太多摩擦，溝通一直沒辦法達到共識，所以他決定不想溝通了，也不願意一起努力了。我其實有點不甘心，為什麼他這麼容易就放棄感情了。

　　我還想努力的改變。他回得來嗎？還是就瀟灑的走了呢？我該怎麼辦？

一

回

　也許他不是這麼容易就放棄了，也許他壓抑一段時間了。努力未果，就怪對方不努力或太輕易放手，這種反應都是不公道的。妳只想到自己的需求，根本不懂對方已經難受死了，那麼缺乏同理心，妳能努力出什麼呢？

　他提出的分手是慎重想過才出口的，反而是妳輕易說出的努力，根本是隨口講的，哪有跟誰討論過？哪有什麼更進步的方法？

　感情最怕在壓力很大時不放手，那時妳的樣子都是魅力的。

　妳得承認妳害怕放手，做不到這點，就會繼續汙衊對方是不負責任的玩咖。

　妳問他會不會回來，不會的話，妳會怎樣呢？這才是妳該想的問題。妳已經有愛癮了，這樣的人焦慮的都不是愛或人，是欲望。

你在愛情裡的樣子

問

　　我之前單戀一個女生，但是在後來知道她有男朋友了，目前跟她還是好朋友。我總感覺有一種很奇怪的感覺，內心有一種空虛感。請問我要怎麼做會比較好？

一

回

　　空虛感就是你愛上他會有的症狀，因為你的愛情夢已畫好了背景，就缺主角入戲。

　　她有男朋友了，但狀態如何呢？想要在爭奪戰裡獲勝，就必須知己知彼。這個「知己」指的是你了解自己究竟是怎樣的個性，是會主動告白尋求早早解脫？還是低調的陪伴，不想冒險？而「知彼」呢，你得知道對方有什麼主場優勢。

　　愛情來的時候，最重要不是來了什麼人，而是你在愛情裡會是什麼樣子。來的人大多數只停留一陣子，留得久不一定不如短暫的。時間是個陷阱，讓你把依賴誤以為是執著，讓你把無緣誤以為是感傷。

　　得不到的緣分，愛會加倍奉還，這就是不滿足的滿盈，也是你會那麼愛，還感到空虛的原因。至於怎麼做會更好，這就要看你對好的定義，如果你只是志在勝利，那麼就學學國父不棄不餒的精神。如果你不想讓對方感到困惑或麻煩，也許換個定位，從單戀的對象轉換為永生的知己。

要享有，不要擁有

—

問

　　前陣子我因為許多壓力主動跟女朋友分手，女朋友的奶奶、外公、兩邊的大家長都因為一些傳言，對我的印象越來越不好，到後來女朋友家人都覺得我不是好男人。

　　剛跟她分手的一、兩個月，我覺得非常非常自由，也忘了一切負面的事情、負面的情緒。就這樣一晃眼過了半年，到後來我發現，仇恨沒有了之後、有了距離之後，我對她的愛才又慢慢的浮現。不時想起她，但我總想到當初是自己先丟下了她，讓她在原地找不著我的蹤影。如今她也有了新對象，我也漸漸的在心裡祝福她，只是心思還是雜亂……

　　我已漸漸從翻過的書頁中走出來，也許只剩一隻腳卡在書頁的中心點……

一

回

有時候告別是需要進一步學習的，你可能只是離開了事件，並沒有離開那個人。

愛情可能受到各種你想像不到的考驗，而通不過考驗卻能放下的人，是最懂愛的。因為愛禁不起那麼用力的爭取，不知道要付出多大的代價。

愛情和婚姻一樣，不只是兩個人的事而已，分手後的日子，因為少了那些擾人的親友介入，你又看到清澈的她，於是愛回來了。你很想祝福，但又感到痛苦，痛苦那時自己的不告而別。

會痛苦，表示你在自省，這個學習是她給你的，但受惠的是你的下一個情人。

在愛的旅途上，最重要的學習如何和人相伴，而不是擁有那些大家都有的配備。有沒有發現沒有那個身分，你反而離她的愛更近？這也是勸你「要享有，不要擁有」的原因。彼此能專注享受彼此的愛，才能有欣賞和包容其他的差異。而擁有，只會勾引你產生更多欲望和擔心。

那隻腳可以跨出來了，拿這次的收穫和下一位你欣賞的人分享。

懦弱而說的謊

———

問

　　我今年二十八歲，跟男友交往快一年了，前不久，父母親決定看看他是怎樣的男生，但是在父母親來的前一天，男友向我說了一件很衝擊的事——他的年齡並不是當初他所說的數字，實際是大了我十九歲。

　　我很衝擊，因為我們有打算要結婚，但是這個年齡差異是父母親絕對不可能接受的。

　　我們相處從來不看對方的證件，或干擾對方的生活，男友家人也一直被他蒙在鼓裡，謊報我的年齡為三十五歲。男友家人對我很好，但是對男友很不理解、很生氣，我父母親看到人的時候也覺得他的年紀應該很大了，要求看證件之類，但是他撒謊說錢包不見，正在重新補辦。

　　父母親滿喜歡他的，萬一這個謊言說破，我們都可能因為家人的反對，沒辦法繼續在一起，我到底該怎麼辦？就說實話嗎？還是能瞞多久是多久？

一

回

一切都是因為懦弱而說了一個謊。

趕緊在父母未發現前自首，絕不致死罪，但理由要動人。建議妳說是妳要求男方欺騙，妳怕人都會有先入為主的偏見，於是做了懦弱的主張。你們都覺得錯了，但他只想到支持妳，沒有阻止，你們都在這件事上了一課。

除非妳的父母是很用力介入孩子感情生活的那種，否則大多數的父母都會給理性反省的小倆口一個機會。如果一切順利，妳要提醒男友改正。

如果妳怕這麼做有風險，就要靠妳的運氣，看老天會不會特別幫妳。本來就沒有一帆風順的天長地久，結婚只是另一階段旅程的開始，你們在婚後七年內離婚的可能性是四分之一。

問要不要在一起，不如問你們有沒有能力在一起？但真正重要的是，如果不能繼續在一起，有沒有能力重返單身？如果沒有，妳就還不夠資格結婚。

妳的男友為何欺騙妳年齡？他事後有給妳原因嗎？其實妳可以不必問，就當做是理解他的懦弱的默契。

愛是追來的

問

　　我是十九歲的學生，與一位學妹相識一年半，算是網友，現實中巧遇兩次，因為家住附近，但從無真正約會過。就這樣用不切實際的臉書與 LINE 真誠聊天維持感情一年多，經過許多風雨，她也用行動證明我對她有著不可取代的地位。

　　最近她主動提及找時間一起讀書，也經常和我分享很多家人與學校的心事，說要當我的傾訴對象。我問她：「妳現在有無其他可靠或讓妳快樂的男生，有的話我要讓給他，使妳更幸福，因為我可能不夠好。」（其實我會說出這些話，是因為無意從社群程式她朋友的相片中發現，她有時都跟她們班某一男生單獨約會。）

　　但她對我否認，還說現在沒喜歡的男生，安慰我別想太多。這週我又發現她與他單獨約會（吃飯）的照片，請問我該相信她說的嗎？女生會跟班上的男同學好到時常單獨約會嗎？眼看我們約會之日近在咫尺。

一

回

　　這是一個新世界，也是張空白的地圖，你現在需要學習的是感知這天、這地、她與你，還不是擁有什麼的時候。在學習愛以前，你可能要先了解人，因為愛是從人的心裡製造出來的，你想愛她，所以你開始想見她、想了解她、想照顧她、想與她天長地久。只是每個需求都在考驗你的能力，有沒有魅力吸引她完成你的願望，而她也可能跟你一樣也在摸索，所以不知道怎麼跟你對話才是正確的。她可能和別人單獨出去，但不是約會，只是比較談得來像哥兒們的異性友人。

　　別太緊張，第一位女友很少就是最後的那個人。

　　最重要的是你對她有愛的感覺，而不是你是不是她唯一的男人，當你想要唯一的時候，就可能陷進不安的猜疑中。你會像狗仔隊一樣仰著鼻子嗅著，這樣的愛最病態。

　　自以為是愛，但愛哪能這樣不信任，她最珍貴的地方是讓你還不了解她時就讓你心動了，並非她符合了你的所有期待。

　　青春很美，美在對現實一無所知，美在不是樣樣那麼世故的丈量著，不要急著掌控一切，卻忘了單純

去感受美好。如果你連這點都不能信任她，就算她答
應跟你在一起，你還是會有疙瘩。

　　你們都未婚，真愛她就用力把她追到手，愛是追來
的，不是等來的，更不是等到就一勞永逸了。

※ 這封信我刻意回了兩次（分別收錄在《放下之書》與
《鬆綁之書》）。因為青春期的戀愛迷惘總是太過時，
總是學著前人的獨占在碰撞。希望這年紀的女生多思考，
也許未來需要你們的新態度定調。

需要殘酷的真相

問

老師，我是最近這兩個月才加入您的粉絲團。一開始，本對您的看法覺得很不可思議，怎會有人用如此不同的觀點來解讀感情和婚姻，但冷靜下來思考，才慢慢懂得老師您話中的意涵。在感情上，我一直都走得很不順利，不是被劈腿，就是要交往前才知道對方已有婚約，幾次下來，不僅對感情失去信心，也對自己失去自信。

最近和一位男性友人處於曖昧期，大概有三個月之久，如果是以前的我，或許不敢提出勇氣詢問，但今晚我主動問了，因為受不了那種不安及不確定的感覺，結果他說我是很好相處的女生，但目前還不想交女朋友（但這段期間他和我的相處就像情侶般）。

我像頭被用力巴了一下，哭了也醒了，我只跟他說了句：世上最不能勉強的就是感情，希望他能過得好。

他知道我個性，知道如果他明白的說出自己的心意，我不會再和他聯絡，因為我無法當作什麼事情都沒發

生，也必須對自己的心交待，如果只是一味照顧他人，又如何對得起自己的心呢？

要不是這兩個月密集的看著老師的文章，我一定沒勇氣去面對，因為我害怕結果不如我的預期，今晚，除了幾杯紅酒陪我大哭一場，更難得的是，我覺得我成長了。謝謝您，我現在很痛，但我會學習成長。

一

回

有時候，我們只是需要真相，並不需要什麼安慰。因為在感情面前，大家都是脆弱的，只是不敢說出真相和不敢面對真相的人。

你說了，他聽了，也許那晚他也和你一樣喝茫了，因為你們都被這世界奇怪的感情框架給綁架了。在愛的面前，明明可以跟孩子一樣不用想太多，明明也不會要你貪得無厭。但就是一句負責，一方就無盡的期待與索求，一方則無邊的承諾與給予。

我的理性也許是充滿感性的，才會這麼白目又有立場。

別太隨便得到愛

——

問

　　我的人生出現過很多女人，都交往了幾個月，最後因個性不合而分開，但是不是我的標準太高？還是學生的我，便把現在交往對象當作未來老婆在挑，我也想好好談一段學生時期該有的戀愛，但每次交往兩三個月，便因為一些爭吵開始沒有感覺。

　　我也不想這樣，可是「感覺」的問題不是說有就有的，我曾經遇到一個很聊得來的女生，大我四歲，我們都知道沒有結果，因為距離很遠，會認識也是因為網路。現在很少聯絡了，但那種被了解的感覺真的很好！

　　如今我還是對感情很迷惘，現在交的女朋友大多都是因為寂寞，而偏偏女孩子又吃我這套，所以每段感情都來得很快，但最終一樣也走得很快。能否請老師給我些指引，改變我對感情的一些觀念。

一

回

　　沒感覺，真的是很大的問題，尤其是未婚時。少了孩子、少了婚姻、少了共同奮鬥的目標，雖少了壓力，也少了繼續努力的理由。

　　該不該因為沒感覺而分手？該不該為沒感覺再重燃感覺？其實最該討論的是你想要的穩定生活，要穩定就不能那麼在意感覺。或許你會問：「穩定和有感覺不能並存嗎？」是可以的，但你明顯能力不足，你不知「缺點是很主觀」的看法。

　　兩個人要長期穩定一起生活，靠的是尊重不同，而不是挑剔；靠的是耐心化解衝突，而不是誰對誰錯。

　　你雖不是個花心男，但你很懂得花心男的招數，就是輕易重複使用女孩會吃的那套。沒有放慢速度多些了解交往的對象，就看不到你有誠意改變。於是你的寂寞漲滿你的心，因為你總是看到不滿足那一面。

　　要不要先單身一陣子？不缺愛情的人怎麼會需要愛情？太輕浮的招數不要亂用在感情裡，那只會讓你的人生變得膚淺。先訓練自己愛自己吧！愛的方法是：別讓自己太隨便得到愛，把標準提高，讓寂寞堅強。

　　另外，對與你相愛過的女孩一一道歉，如果可以的話。